朝日新書
Asahi Shinsho 830

税と公助

置き去りの将来世代

伊藤裕香子

朝日新聞出版

はじめに

「兆円」「億円」という大きな単位のお金を、国会もメディアも何げなく語ります。学校、道路や水道、医療や年金、介護にかかるお金の金額は、どうしても大きくなるからです。その土台に私たちが納めている税金があり、日々の暮らしを支えています。安心して将来を考えていくために、国や自治体の税制や財政があります。

けれど、どうしてこうもわかりにくいのでしょうか。

新型コロナウイルスの感染拡大を受けて、最初の緊急事態宣言が全国に出されたのは、2020年の春でした。多くの人が外出を控え、政府もオンラインでの「飲み会」や「帰省」を勧めました。

このとき「人々が連帯して、一致団結し、見えざる敵との闘いという国難を克服するため」として配られたのが、国民全員への1人10万円の特別定額給付金でした。9月までに全国の市区町村で申請が締め切られ、総務省によると99％以上の人が受け取ったそうです。

その9月の週末、街で出会った人に聞きました。

「税金とは、何ですか?」

「なぜ、払いますか?」

場所は、取材で訪れた徳島市、山形市と、東京・浅草の3カ所。声をかけたのは、主に40代以下の人たちです。「詳しくないから」と何人にも断られましたが、立ち止まってくれた43人と話ができました。2〜4人で一緒にいた高校生や大学生など4組とは、似たような会話になりました。

——10万円は、誰が出したお金だと思いますか。

「国、ですか?」

——国って誰のこと?

「安倍さん。4月に安倍首相が決めてた」

——全国の1億2千万人に10万円ずつ配ると、12兆円にもなるけれど。ぜんぶ安倍さんがポケットマネーで出してくれたの？

「菅《すが》さん？」「小池都知事も出してたり？」「日本銀行にある貯金じゃないの」

「難しい質問ですね」「そっか、国民の税金だ！」

――実際は税金では足りなくて、ぜんぶ借金なのだけれど。

「え、そうなの？　意味なくない？」

「やばいじゃん。消費税率が10％に上がったのは借金たくさんあるから、って聞いたのに」

さらに「税金とは？」と尋ねると、「うーん、ふだん考えたことなくて」「授業で習ったかな、でも覚えていない」と、大人も考え込んでいます。救急車、公共の建物や道路、年金や医療に使うお金などが挙がりました。

そして取材ノートには、この言葉が繰り返し走り書きしてありました。

「仕方ない」

「しょうがない」

「高齢者の福祉に使うなら、仕方ない」「税金を何に使うのか、わからない。しょうがないから、払うんですよね」というように。どこかに何か、問題がありそう。けれど、自分の力ではどうすればよいのかわからない――そこで、思考が止まるのでしょう。負担だけを求められるような、あきらめに似た気持ちを、自らに言い聞かせているようでした。

この2年前の2018年の初夏、出張先のスウェーデンの街でも43人に同じ質問をしています。多かった答えは「社会への投資」でした。「セーフティーネット」「皆が平等に恩恵を得るもの」といった表現もありました。

37歳の女性は「安心して子育てができて、税金を払っていれば不安にならない」と言います。小学校で、税金は「お互いに助け合う制度」と学ぶからでしょうか。たいていの人がさほど考え込むことなく、答えていました。

日本で少子高齢化が進み、いずれ人口が減り始めることは、昭和が終わる1980年代には指摘されていたことです。国や自治体は、私たちが納めた税金を使って、本当に困っている人たちにすみやかに手を差し伸べてきたのでしょうか。セーフティーネットやさまざまな公共サービスを、誰もが「この先もきちんと続く」と安心して思えているでしょうか。

私が新聞記者として税制や財政を取材してきたこの10年、政治はずっと「次世代に負担を先送りしない」という「決意」を繰り返してきました。安心できる社会保障制度をつくる、とも訴えていました。

では、その決意や言葉通りに先送りせずに、いまを生きる世代が負担する仕組みへ変わったのでしょうか。自助や共助では手が届かないところに、確実に「公助」があるのでしょうか。公助の土台のあるべき姿に、どう向き合ってきたのでしょうか。

政治が形ばかりの決意で課題の先送りを続けることは、これからの日本をつくる若い世代の未来を「置き去り」にすることと同じです。税と公助のありようによっては格差が定着し、むしろ広がりかねないと思います。

２０１２年暮れに第２次安倍政権が発足してから、政治が社会保障や経済対策、財政へ向き合ってきた姿勢を、置き去りの将来世代に特に伝えたいと考え、この本を書きました。「この先もきちんと続く」未来をつくるには、歴史から現実を見つめ直すことが欠かせないと思うからです。

決して遠くはない、自分たちに身近なお金の話として、ページをめくっていただけたら幸いです。

（文中の肩書や年齢は、いずれも当時のものです）

税と公助

置き去りの将来世代

目次

第3章　「還元」を旗印に　コロナ禍の一律支援　113

図版製作　鳥元真生

プロローグ　初の緊急事態宣言、いち早く「ＧｏＴｏ」

２０２０年春。東京都では桜が見ごろとなる3月最後の週末を前に、外出の自粛の基準となる「不要不急」とは何かを、小池百合子知事は記者会見で説明した。

「要は、その日でないと『だめなこと』があるかどうか。たとえばお花見、いい季節ではございますけれど、ここはぜひともお控えいただくように。桜は、来年もきっと咲きます。ぜひ来年の桜を楽しみに、とっておいていただきたいと思います」

中国・武漢で感染の流行が確認された新型コロナウイルスは、横浜港に入った大型クルーズ船「ダイヤモンド・プリンセス号」の船内、そして北海道で広がった。2月末には、安倍晋三首相が突然、全国すべての小・中・高校の一斉休校を打ち出した。夏の東京オリンピック・パラリンピックは、1年程度の延期が決まる。

都知事会見の日、3月27日金曜日に東京都で確認された感染者は40人。全国では１１８人と報じられ、初めて100人を超えた。小池知事は続けた。

「いま世界でのキーワードは『Stay at Home』、おうちにいなさいということ。インド、パリ、ニューヨーク、皆さまじっと、公共の健康のために協力しておられるのが現状でございます」

「反転攻勢」に力注ぐ

それから11日後の4月7日、新型コロナ対応の特別措置法に基づく最初の緊急事態宣言が、東京、神奈川、千葉、埼玉、大阪、兵庫、福岡の7都府県に出された。

未知の危機は、人々の暮らしや社会を大きく揺るがす。個人や地域社会の力だけでは解決できない暮らしや命の支え、国や自治体による「公助」が問われる。安倍首相は「考えうる政策手段を総動員して、国民の皆さまとともに、この戦後最大の危機を乗り越えていく決意であります」と語った。

この日、政府が閣議決定した緊急経済対策のタイトルは「国民の命と生活を守り抜き、経済再生へ」。その26ページにある「次の段階としての官民を挙げた経済活動の回復」には、大きく四つの目的が書いてある。

・感染症の拡大が収束し、国民の不安が払拭された後に、反転攻勢を仕掛ける
・特に大きな影響があった分野へ、重点的に短期集中の思い切った支援策をとる
・官民を挙げた大規模キャンペーンで、国内の人の流れと街のにぎわいをつくり出す
・消費活動を活発にさせて、日本の経済を一気に回復させる

政府は、新型コロナ対策を本格的に実行に移すために必要なお金を入れた国の2020年度の第1次補正予算案も、経済対策と一緒に閣議決定した。総額16兆8057億円のなかには、「アベノマスク」などとも揶揄《やゆ》された「1世帯に2枚の布マスク」の費用の一部、233億円も入った。

そして1割にあたる1兆6794億円は「GoToキャンペーン」が占めた。

この日の首相会見では言及がなかったが、「GoTo」は旅行代や飲食費の一部を国のお金で肩代わりして、客が来なくなった旅館や飲食店などの売り上げを支える政策だ。大きな災害があった後に風評被害を減らして地域を盛り上げようと始めた、観光客への割引制度「ふっこう割」も参考にした。感染が落ち着いて国民に不安がなくなった後のV字回復の起爆剤を、イメージしていた。

感染の拡大は気温が上がる5月の大型連休明けには収まりそうだから、夏休みへ向けて「人の流れと街のにぎわい」をつくり出したい——。そんな考えのもと、政策を考える霞が関の官僚たちは「宣言明けが見えてからの準備では間に合わない」「明るい未来を早めに示す必要がある」という説明を続けた。期待感を込めた「ポストコロナ」が、どうしても優先した。

緊急事態宣言で、観光地も人の姿はまばらとなる。大分県由布市の温泉旅館「玉の湯」も、一時休業した。いち早い「ＧｏＴｏありき」に、桑野和泉社長は疑問を感じていた。

「収入がほぼゼロになれば、宿泊業は数カ月程度の資金繰りがやっとです。新型コロナが収束したとしても、観光のための移動にも密集のリスクはあり、さまざまな制約は残るはず。観光客の数を再び増やすために、短期間に多くの人が動く従来型のキャンペーンは、コロナ後も通用するでしょうか」

こだわった「世界的にも最大級」

緊急経済対策で政府・与党が何よりこだわったのは、対策でどのくらいのお金が動くかを表す事業規模だった。

２０２０年度の当初予算は、３月末に成立している。総額は１０２兆６５８０億円と、過去最大だった。ここに感染症対策の費用は入っていない。予算案は前年の暮れにつくられたままで、2月から3月にかけて感染症が広がっても、国会での審議で修正されなかった。このため、「2008年のリーマン・ショックのときを上回る規模での経済対策が早急に必要」とする声が、国会議員たちの間で強くなっていく。一方で、仕事や生活の環境が激変した人たちに聞くと、大事なことは自分の暮らしを支えてくれる具体的な対策の中身だという。

緊急経済対策の事業規模は108兆円になった。首相は「世界的にも最大級」と言って、国の経済規模を示すGDP（国内総生産）の2割にあたることを強調した。この108兆円には、返済が求められる融資のお金や、税金や社会保険料の納付を猶予する額も入る。額面通りにすべてが実現するかは、わからない数字だった。

あれから1年が過ぎても、「ポストコロナ」は視野に入ってこない。期待感を込めた政府の想定は、次々に裏切られていく。

第1章　「公助」の解釈　かすむ全世代型

「自助、共助、公助」の順は

新型コロナウイルス感染症が日本全国に広がって半年ほど、「次の首相」が確実視されていた菅義偉《すがよしひで》官房長官の言葉の順番に、失望や反発が広がった。

「私自身、国の基本というのは、自助、共助、公助であると思っております」

2020年9月2日、午後5時すぎに始まった自民党の総裁選挙の出馬会見で、望ましいと思う社会の姿として語った。

「自分でできることはまず自分でやってみる、そして、地域や自治体が助け合う。そのうえで、政府が責任を持って対応する。当然のことながら、このような国のあり方を目指すときには、国民の皆さんから信頼をされ続ける政府でなければならない、と思っております。目の前に続く道は、決して平坦ではありません」

3日後、自らのブログに書き込んだ政策発表の題も「自助・共助・公助、そして絆〜地方から活力あふれる日本に!〜」。順番は同じだ。

すぐに、野党が反応した。立憲民主党の枝野幸男代表が批判する。

「政治家が（第一に）自助と言ってはいけない。責任放棄であると思っています。自助や共助ではどうにもならないときは、どなたでも人生のなかに必ずある。そのときのために、政治がある。政治の役割は公助です。公助を最後に持ってくるとか、自助と並べること自体、明確に政治姿勢が違います」

違和感は、新聞の投書欄にも次々に寄せられた。

「公助の仕組みを整えて国民を安心させ、そのうえで自助や共助を国民にお願いするのが筋」

「『まずは自分で、そのうえで政府』との首相の言葉からは、公ができる限りのことをする決意が伝わってこない」

「政府に好都合なことだけでなく、残された数々の疑惑を再調査し、沖縄の民意に耳を傾けて。高所から『まずは自助で』と言われても安心、納得はできません」

安倍晋三前首相の「桜を見る会」をめぐる国会の審議では、散々はぐらかしたうえで、後で事実と違うとわかった答弁が続いた。政治が、国民の信頼から離れていく。そこへ、自分のできることは自分で、とまるで突き放したかのような菅発言が重なった。「自助」の言葉に、冷たい自己責任論にもつながる響きを感じる人は少なくないのだろう。

順番ではなく組み合わせ

自助、共助、公助の三つの柱は、災害や社会保障の分野で、繰り返し使われる言葉だ。どれが優先かの順番ではなく、状況に応じてどう組み合わせていくかが、重要になる。内閣府がまとめた2014年版の『防災白書』にある「大規模広域災害と自助・共助の重要性」は、三つの役割分担を紹介している。少し長くなるが引用する。

首都直下地震や南海トラフ地震のような大規模広域災害が発生した直後には、状況にあわせて適切な避難行動を行う等自分自身の命や身の安全を守るとともに（自助）、隣近所で協力して生き埋めになった人の救出活動を行ったり、子供や要配慮者の避難誘導を行う等地域コミュニティでの相互の助け合い等（共助）が重要になってくる。

また、東日本大震災においては、地震や津波によって、市町村長が亡くなったり、多くの市町村職員が被災する等本来被災者を支援すべき行政自体が被災してしまい、行政機能が麻痺した。このように大規模広域災害時における「公助の限界」が明らかになり、自助、共助及び公助がうまくかみあわないと大規模広域災害後の災害対策がうまく働かないことが認識された。

社会保障の世界ではどうか。かつての老後には、本人の貯金、家族や親戚の世話を受けて過ごすといった自助が基本にあった。核家族化が進むと、社会全体で支え合おうという考えのもと、保険料を出し合う仕組みができた。公的年金制度や介護保険制度などは共助と言える。病気や障害、失業などの理由で働けないときの社会保険も同じ発想だ。

そして、なお支えきれない人たちを救う最後のセーフティーネットに、生活保護など国のお金をもとにした公助がある。菅首相は就任時の会見、国会での所信表明演説、その後の国会の審議でも、自助、共助、公助の順で、この言葉を何度も何度も繰り返した。

ただ、国会での説明は少し丁寧になっていく。11月2日の衆議院の答弁では「まずは、自分でやってみることが大事。国民の皆さんの創意工夫を大事にしながら、家族や地域で助け合っていくことも大事。そして最後は国がセーフティーネットで守ってくれる。そうした国家をつくっていきたい」と話した。

「最終的には生活保護」

翌2021年1月27日には、参議院でやりとりがあった。労働政策に関心を持つ立憲民主党の石橋通宏《いしばしみちひろ》議員との質疑だ。首相は用意された想定問答に目を落とすことなく、応じた。

石橋「総理、政治は誰のためにあるとお考えですか」
菅「国民のためです」
石橋「そのなかでも、特に社会的に弱い立場の方々のためにこそあると思いますか」
菅「そのように思います」
石橋「どういう状態にするのが、政治の役割ですか」
菅「日本国民に、国民のまさに命と生活を守る。それが政治の役割と思っています。安心して暮らすことができる社会をつくることが、国の役割だと思います」
石橋「弱い立場にある皆さんにも、自助をおっしゃるんですか?」

この問いに、首相は定番のフレーズを繰り返した。そして「政府の施策が届いていないことが明らかになれば、総理の責任において即刻、届けていくお約束をいただけますか？」という問いに返した言葉が、また冷たい響きを持って波紋を広げた。

「それはあの、いろんな見方、いろんな対応策もあるでしょうし。政府には、最終的には生活保護という仕組みもでですね、最終的にですよ。そうしたこともしっかりセーフティーネットをつくっていくことが大事、と思います」

「増税容認」発言は封印

「最後は国がセーフティーネットで守る」と言い切る公助をまかなうお金は、誰がどのように用意するのか。さまざまな社会問題を解決したくても、厳しい財政状況では「公助の限界」にぶつからないのか。菅首相はほとんど語ろうとしない。自民党総裁選の2020年秋の「釈明」が、尾を引いているのかもしれない。

きっかけは、9月10日夜のテレビ東京の番組での発言だった。

「なかなか、消費税を引き上げるって発言をしないほうがいいだろうと思いましたけれども、これだけの少子高齢化社会、どんなに頑張っても人口減少は避けることはできません。将来的なことを考えたら、やはり行政改革は徹底したうえで、国民の皆さんにお願いをして、この消費税は引き上げざるを得ないのかな、と」

増税容認、と受け取られた発言だ。官房長官としての記者会見でも「次の首相」として、増税の意向を繰り返し問われた。2日後、日本記者クラブであった自民党総裁候補3人の討論会で真意を尋ねられると、すかさず答える。テレビ番組での発言を修正したいと、機会を探していたのかもしれない。

「これ、ぜひ、誤解があってまずいので。私、説明させていただきたいのですけど」

こう前置きして、安倍前首相がかつて10％の後の消費税率引き上げのタイミングを「今後10年くらいの間は必要ない」と発言したことと「まったく同じ意見」と言い切った。「将来まで否定すべきでないと思った」との言い回しが1分20秒ほどの発言で、3度出た。

以降、セーフティーネットをまかなう公助のお金、財源の望ましい姿や消費税にかかわる発信から、封印したように遠ざかる。

マイナンバーカードへの思い入れ

「現場の声に耳を傾け、何が当たり前なのかを見極めて判断し、大胆に実行します」「役所の縦割り、既得権益、悪しき前例主義を打破して、規制改革を進めてまいります」

秋田の農家の長男に生まれ、苦学を経て47歳で国政に出た菅首相の言葉に、有権者は好感したのだろう。政権発足時の朝日新聞の世論調査で、内閣支持率は65％もあった。同じ段階での小泉純一郎、細川護熙《ほそかわもりひろ》、鳩山由紀夫の各内閣に次ぐ水準で、スタートを切る。

「縦割りの打破」の象徴は、デジタル化だ。２０２０年9月16日、菅首相は就任の記者会見で、このとき普及率が2割弱だったマイナンバーカードに触れた。「行政のデジタル化の鍵であり、役所に行かなくてもあらゆる手続きができる、そうした社会の実現に不可欠です」と言って、普及を急ぐ決意を見せる。翌月の所信表明でも「今後2年半のうちに、ほぼ全国民に行き渡ることを目指します」「運転免許証のデジタル化も進めます」と力を込めた。

この年の春、コロナ禍を受けた国民全員への10万円の給付金は、マイナンバーカードを使ったスピード支給をうたいながら、オンライン申請に手間取った。窓口となる市区町村と国の間でシステムがうまく連携できていなかったことへの批判も、首相の背中を押した一因だ。

そして首相は以前から、マイナンバーカードの普及が進まないのは、国の縦割り行政の弊害だと考えていた。官房長官時代の2019年1月初旬に省庁の幹部を急きょ集め、連携して普及策を考えるように指示を出している。たとえば、健康保険証としても使えるようにする作業は厚生労働省の動きが鈍く、進んでいなかった。マイナンバーカードの知名度が低く、普及も低迷したままの状況に、もどかしさを感じていたようだ。

「最近は使っていません」

首相が「デジタル化の鍵」とうたうマイナンバーカードには、オンライン上で本人確認ができるICチップが付いている。さまざまな情報と結びつけて使い道を広げていくと、便利にはなる。一方で、カードを通じて個人の情報が漏れるのではないか、政府があらゆるデータを監視して流用するのではないか、といった心配は尽きない。情報漏れを防ぐ対応、そして丁寧な説明が欠かせない。けれども政府の説明は、どこか他人事《ひとごと》だ。

菅政権になって新しくできたデジタル改革担当相に就き、マイナンバー制度を担うことになった平井卓也大臣は、深夜に始まった就任会見でこう話した。

「いままでいろんな誤解とか、そういうもので進まなかった。特にマイナンバーカードは、徹底的に丁寧に説明をし直したい」

聞きようによっては、カードの申請をしない人が一方的に悪いようにも受け取れる。翌日夕方の記者会見で、この点を尋ねた。平井大臣も気になっているのか、説明が長くなる。

「政府が情報を一元管理しないようつくったために、あんなに面倒くさくて、お金がかかるシステムにしてしまった。そういうことを、ちゃんと国民は知らない」

「ほかの国より個人情報や国民の人権に対する配慮がものすごく入っている制度なのに、政府にやっぱりのぞかれるみたいな誤解がある。誤解を解いていかないといけない」

「ここまで配慮して制度をつくりながら、真意を理解してもらえない政府は説明が下手だ」

確かに、ICチップはセキュリティーや情報漏洩に何重にも配慮したつくりだ。このころ話題になったドコモ口座の不正利用も、平井大臣は「マイナンバーカードを間に挟んでもらえれば、なりすましはできない」とも言った。

しかし、カードの裏面には自分だけの12桁の番号、マイナンバーがはっきり書いてある。「データはカードに残らない」と断言されても、収入や納税状況など誰でも守りたい情報と結びつけることへの懸念は、なかなかぬぐえない。

他人事のような印象は、思い入れがあるはずの菅首相にもうかがえた。11月5日の国会で、マイナンバーカードを「最近は使っていません」とさらりと言った。前日も、カードを取得して暗証番号は持っているものの、インターネットのサイトで関連する自分の情報を見られるマイナポータルには「申し込んでおりません」と淡々と答弁している。

ワクチン接種は別番号

希望する人は預貯金口座の番号を登録して、マイナンバーと結びつければ、10万円のような給付金もすみやかに受け取れるようにする法律は、2021年5月に成立した。

この法案の国会審議の最中に問題になっていたのは、高齢者のワクチン接種の予約だった。インターネットや電話がなかなかつながらず、予約にたどりつけずに、混乱と不安、そして疲弊が広がる。結局、自治体側の情報管理にはマイナンバーが使われても、一人ひとりの予約に必要な接種券にはマイナンバーとは異なる番号が割り振られた。マイナンバーには「公正な給付と負担の確保」の目的が掲げられているが、スピード感ある「公助」の提供は一筋縄とはいかない。デジタル化の遅れは、なお解消されない。

足して2で割った「全世代型」

「全世代型社会保障改革」は、第2次安倍政権の後半によく登場した言葉だ。いろいろな意味を持つ。

一つは、高齢者向けに偏りがちな社会保障のサービスを、子どもや子育て世帯など現役世代、将来世代にも広く恩恵が行き渡るようにすることを指す。安倍前首相は、消費税率を10%に上げて税収の使い道を変えるとき、「全世代型へと大きく転換します」と説明した。女性や高齢者の働き手を増やし、税金を納めて社会保障の支え手となる層を手厚くする政策を進めていくことも含まれる。

最大の目的は、世代間ですでに開きが出ている「受益と負担のバランス」をならしていくことだ。菅首相はこの視点から、75歳以上の人が医療費を自己負担する基準を見直した。

安倍前首相は、負担増となる人をどこまで所得がある人に広げるのか、結論を出さないまま辞任した。菅首相も就任後はしばらく、前政権が残したこの宿題を語ろうとしなかった。繰り返したのは、若い世代の関心を意識した携帯電話料金の引き下げや、不妊治療を公的保険の適用対象とすることだった。

格差や不公平感を解消しようとすれば、負担増となる人はどうしても出てくる。議論は反発を招きやすい。特に選挙で投票に行く人が多い高齢層を対象とした見直しだけに、政治家は踏み込むことを避けようとする。

受診した病院や薬局でかかった金額のうち、窓口で自分が払う額の割合は、年齢によって違う。「現役世代」の70歳未満は3割、6歳未満は2割、70~74歳は原則2割なのに対し、「後期高齢者」と呼ぶ75歳以上は原則1割だ。

75歳以上の医療費の制度では、この原則1割の自己負担以外のお金のうち半分弱は「現役世代」が払う健康保険料で埋めて、残り半分ほどは国と自治体のお金で支えている。

年をとると、どうしても医療費は増える傾向にある。難病の治療に使う高額の薬も相次いで出ている。高齢者の人口が増えるとともに、医療費の総額がふくらむことは避けられない。若い世代も含めた「現役世代」に求める負担もどんどん増す。このため、余力のある高齢者にはもう少し多く負担してもらおう、という発想から議論は始まった。

選挙意識し探り合い

菅首相は就任から3カ月後の2020年12月、一つの結論を出す。

その1カ月前、厚生労働省は年金などの収入を基準にした2割負担を求める対象者について、7案を用意した。このうち所得の低い人も広く含む2案が、首相と官房長官、厚生労働相の協議でまず削られる。

厚労省の審議会に出された5案の基準は、負担増となる高齢者が200万人と最も少ない「年収240万円以上」から、「220万円以上」「200万円以上」「170万円以上」と、対象が605万人と最も多い「155万円以上」だった。

首相の意中にあったのは「170万円以上」の案だ。対象者は、2番目に多い520万人となる。携帯電話料金の引き下げと同じく、若い世代の負担軽減をできるだけ意識したのだろう。

ここで、連立政権を組む公明党が動く。公明党と支持母体の創価学会は、首相とは官房長官時代から良好な関係が続く。政府の全世代型社会保障検討会議での決定が予定されていた12月4日の2日前、急きょ、公明党の竹内譲政務調査会長が加藤勝信官房長官に申し入れをする。

「コロナ禍によって、状況が大きく変化している。年末までに拙速に結論を出すのではなく、引き続き検討、分析することを強く要請する」

翌2021年夏には、公明党が重視する東京都議会議員選挙が予定され、衆議院選挙も秋までにある。支持層には高齢者が多く、選挙を意識した先送りの要請、と報道された。決着をみないまま、12月4日の政府の会議はとりやめとなる。公明党は対象者が最も少ない「240万円以上」を主張して、溝は埋まらない。

9日夜、以前から予定されていた首相と山口那津男・公明党代表の会食が、都内の和食料理店で始まった。ここで、首相は自公の主張の間をとる「200万円以上」の案を切り出し、山口代表も了承した。370万人が対象となる案だ。実施時期は「2022年10月から翌年3月までの間」と幅を持たせ、この年の夏にある参議院選挙が終わってからにした。結局、5案のうち真ん中にあたる案に、落ち着いた。

現役世代の負担減は月30円

一夜明けた10日、首相は視察に訪れた岩手県の三陸沿岸にある東日本大震災の津波遺構「たろう観光ホテル」の前で、記者たちの取材に応じた。

この決着を「2022年、再来年には、団塊の世代が後期高齢者になります。社会保障、我が国の将来を考えたときに、高齢者、若者、互いに支え合っていくことが極めて大事だということで意見が一致をし、合意しました」と説明した。結論が「足して2で割った」形になったのは、世代間の負担のバランスを意識したことをにじませた。

12月15日に閣議決定した文章は、「全世代型」の理念をこう掲げる。

「給付は高齢者中心、負担は現役世代中心という、これまでの社会保障の構造を見直し、切れ目なくすべての世代を対象とするとともに、すべての世代が公平に支え合う『全世代型社会保障』の考え方は、今後とも社会保障改革の基本であるべきである」

2021年6月、改正法が成立した。導入後3年は外来に限って、ひと月の負担増を最大3千円に収める対応をとる。厚労省の試算では、「現役世代」の1人あたりの保険料は、年に平均700〜800円ほど減る。会社勤めの人は普通、保険料は労使折半なので、本人分では月30円ほどの計算だ。「次世代に負担を先送りしない」改革は、ほんの小さな一歩にすぎない。

「火事場泥棒」でふくらむ予算

国の翌年度の当初予算案はほぼ毎年、12月に閣議で決める。2020年は、新型コロナウイルスの新規感染者が秋ごろに落ち着いたかのように見えたが、年末へかけて再び増加へ転じた。予算案の編成は、重症者向けの病床の逼迫が指摘され始めたころと重なる。

菅政権も第2次安倍政権と同じように、この年度に3度目となる補正予算案と、翌年度の当初予算案の二つをつくる作業をほぼ並行して進めた。東京・永田町の自民党本部では、政治家や各省庁の官僚たちのリアルの会議がなお頻繁にあった。机を挟んで向かい合う会議はさすがになくなったが、エレベーター内は議員たちでひしめく。

この補正予算案の柱になったのは、二つの基金だ。

一つは、首相が「ポストコロナにおける成長の源泉の軸」とするカーボンニュートラル向けの基金だ。2050年までに、温室効果ガスの排出量を植林などで吸収した量と差し引いて実質ゼロにする目標の達成へ、世界中の環境関連の投資を呼び込むねらいを掲げる。

首相は、基金の規模を2兆円と大きくすることにこだわった。政府関係者が「まずは1兆円から始めて、翌年度以降に、すでにある地球温暖化対策税をもとにして規模を大きくしてはどうか」と進言しても、耳を貸そうとしない。そして記者会見では「野心的なイノベーションに挑戦する企業を今後10年間、継続して支援していきます」と力を込めた。

もう一つの基金は、大学の研究や若手の育成を支援する大学ファンド。10兆円規模を目指すが、まず予算から5千億円、財政投融資で4兆円の計4兆5千億円で始める。こちらは甘利明・自民党税制調査会長の強い思いがある。向こう1年の政策運営の軸として、半年前に閣議決定した通称・骨太の方針に「世界に伍する規模のファンドを大学等の間で連携して創設」と載っていた。

基金は長い年月にわたって少しずつお金を使う。具体的な使い道をはじめ、国会などのチェックの目が届きにくい。しかし、二つともその是非が深く議論された形跡はなく、「ポストコロナに向けた経済構造の転換・好循環の実現」の項目に入った。

補正予算は、財政法で「特に緊要となった経費」に限るとされているが、この第3次補正予算案の規模は、およそ20兆円。うち11兆7千億円近くを、緊要とは言い切れない「ポストコロナ」に充てた。

予算編成を担当する財務省幹部の目には「論理性を欠いたまま、予算の金額は火事場泥棒のように兆円単位で増えていった」と映った。

手を貸した形になって、後ろめたさが強かったのだろう。コロナ禍で税収が大きく減り、財源をさらなる国債発行、つまりは借金に頼るなか、新しく硬貨をつくるために貯めていた金《きん》を売って得られる5千億円を財源の一部に充てた。この5千億円は、大学ファンドへの予算額とぴったり同じだ。お金に色はついていないのに、「大学ファンドは、将来世代の負担となる赤字国債からは1円も出さない」との解釈も聞いた。

「誤解招いた」ステーキ会食

むしろ、このとき社会の関心を集めたのは、補正予算案で継続が前提になっていた「ＧｏＴｏトラベル」の行方と、首相の「ステーキ会食」だった。

補正予算案が閣議にかけられる前日の12月14日、京都・清水寺で全国から募った「今年の漢字」が「密」と発表された。午後7時半ごろ、菅首相は官邸を出る際に記者から「総理の今年の漢字は何でしょうか？」と聞かれて、答えた。

「私自身は国民のために働く内閣、こう銘打っています。ですから働く、『働《どう》』という字です」

立ち去ろうとして「(2度目の)緊急事態宣言は検討されていますか?」と尋ねられ、「していません」と即答する。ホテル宴会場であった懇談会へ顔を出してから午後9時前、東京・銀座のステーキ店での会食へと足を運ぶ。自民党の二階俊博幹事長やプロ野球ソフトバンク球団会長の王貞治氏、俳優の杉良太郎氏らと8人での会食で、小一時間を過ごす。

政府の新型コロナウイルス感染症対策分科会が「5人以上の飲食では、大声になり飛沫が飛びやすく感染リスクが高まる」と注意を呼びかけていた。感染抑制の「勝負の3週間」とした真っ最中だ。与野党はもちろん、テレビやネットの世界からも批判が集まった。

2日後の16日夜、首相はまた、官邸ロビーで報道陣のカメラの前に立つ。「まず他の方との距離は十分にありましたが、国民の誤解を招くという意味においては真摯に反省をいたしております」と言って、小さく頭を下げた。

給付金は「店じまい」へ

翌17日から、首相は夜の会食をやめた。そして21日、2021年度の当初予算案は、過去最大となる106兆6097億円で閣議決定された。感染拡大が再燃し始めていた新型コロナへの対応に、国のお金を積極的に使っていく姿勢だ。具体的な使い道を決めずに用意しておく予備費は「国民の安心への備え」として、5兆円になった。災害などに備える通常の予備費5千億円の10倍という、巨額のままとなる。

コロナ禍で慌ただしく始まった給付金や助成金は、感染拡大の収束も期待して、いったん終わらせる方向へと動く。中小企業に最大200万円、個人事業主に最大100万円を支給する持続化給付金は、2021年2月15日に申請の受付を終えた。虚偽の書類をつくって不正に受け取った人もいたが、424万の中小企業や個人事業主に総額で5兆5千億円を届けた。

働き手に払った企業の休業手当を支援する雇用調整助成金も、一律支援からの転換をめざした。特例措置は2021年5月以降、新型コロナの感染状況に応じて助成率を引き下げた。しかし感染拡大は収まらず、緊急事態宣言や蔓延防止の重点措置の対象地域への特例措置は、延長が繰り返されている。

宣言再び、定まらぬ暮らしの保障

2020年の大みそか、東京都で確認された1日あたりの新型コロナの新規感染者数が、初めて1千人を超えた。2度目の緊急事態宣言を出すことに慎重だった空気が変わり始め、首相官邸のスタッフたちも元日はひと休みしたものの、1月2日から動き出す。

首都圏の1都3県に宣言が再び出ることが決まり、人々は外出や会食などの自粛を改めて求められた。東京都の感染者は2400人を超える。菅首相は7日の記者会見で「1年近く対策に取り組むなかで学んできた経験をもとに、徹底した対策をおこないます」「1カ月後には必ず事態を改善させるため、ありとあらゆる方策を講じてまいります」と言い切った。

この会見で最初に時間を割いて説明したのは、飲食店への協力金の増額だ。1店あたりの協力金を、1日最大4万円から6万円へ増やすという。経路不明の感染の多くは、マスクを外して会話をする飲食が原因とされた。協力金をできるだけ早く配って、営業時間を夜8時までにしてもらいたいとの短縮要請に応じてもらい、感染防止の実効性を高めることをねらった。

前年11月の時点では、地方自治体への臨時交付金などから支払われる協力金は最大2万円だった。それまでに地方自治体が独自に出してきた協力金の平均額を参考にした。

感染の再拡大を受け、東京都などでは年末年始の特例として、1月11日までの期間に限って4万円へ引き上げていた。増額の水準はあいまいで、後になって「全国の平均的な飲食店の固定費がまかなえる水準」との説明が出てくる。さらに2度目の宣言が出ることになり、首相官邸の「決定事項」として6万円に増やす方針が関係省庁に伝えられた。今度は「東京都の平均的な飲食店の固定費がおおむねまかなえる水準」との説明が、やはり後から加わった。

従業員の人数や売上高、利益率など店の規模と関係なく、「一律」だ。実態にそぐわないなどと、多方面から疑問の声があがる。国会では、参議院で1月27日、立憲民主党の蓮舫議員が菅首相に迫った。

「店主が1人で営む店も、多店舗を経営する事業者も一律6万円というのは、総理、平等だと思いますか。売り上げや店舗数、席数や従業員数を考慮したきめ細かな制度設計に、なぜしなかったのですか」

首相は、答えになっていない言い回しで応じた。

「6万円は、東京都の平均的な店舗においても固定費がおおむねまかなえる水準ということだったんです。いろんな方からものすごいご不満があることも私、承知していますけれど、できるだけ早く中間的な水準で6万円に決めた、ということであります」

10万円の再給付は否定

「必ず事態を改善させる」と言い切った7日の首相会見で、記者からの二つ目の質問は、前年の宣言のときに「連帯」をうたって国民全員に配られた一律10万円の再給付のことだった。

「今回も検討されるお考えはありますか?」との問いに、首相は「これまでの経験に基づいて、効果的な対応策に的を絞っておこなっていきたい」としただけで、直接には答えない。

一律の給付金を再び求める声は、この1年、野党などから絶えることはなかった。国民民主党は、2度目の緊急事態宣言に合わせてネットアンケートで寄せられた約2千件の意見をもとに、再給付を求めた。玉木雄一郎代表は1月21日、衆議院の代表質問で、米国の例を挙げて首相に迫る。

「バイデン新政権は、1400ドル（約15万円）の追加の現金給付を含む総額約2兆ドル（約210兆円）の経済対策を発表しました。総理、日本の人口の半分を占める地域に緊急事態宣言を発令したのであれば、家計消費を下支えするためにもう一度、1人10万円の現金給付をおこなうことを提案します」

首相は理由を言わずに「再度支給することは考えておりません。予備費などで対応することとし、予算の組み替えも考えておりません」と言うだけだった。

長引くコロナ禍で、人々の不安は募ったまま。関西、東海、福岡などにも宣言の対象地域が広がった。再度の「一律」は否定するにしても、国民と不安を共有する姿勢を示し、もう少し丁寧に説明してもよさそうだった。記者たちはことあるごとに、一律給付の可能性を聞いた。

麻生太郎財務相も会見で繰り返し問われて、うんざりしたように切り返す。

「あの、これは税金でやると思っている？　そういう発想が間違いなんだよね。国債発行だから政府の借金でやる。税金でやるような発想で報じているとしたら、おかしいね」

消費税減税も取り合わず

前年に一律10万円の実現を主導した公明党の山口代表も、今度は慎重だ。2月9日の記者会見で丁寧に説明した。

「(前回は) 初めての全国的な感染状況、宣言をみんなで乗り越えていこうという、いわば連帯の意識をつくり出す、社会政策的な意味も含まれていました。今後、そういう観点での政策が必要か、昨年の経験を経て政府としてよく検討していただきたい。いちばんいま困っている人に対する施策を実行し、拡大をし、新たな提言もしています。必要に応じて予備費を生かしながら進められていくことが、いまは最も必要だと思っています」

立憲民主党は所得の低い人たちに1人10万円、国民民主党は現役世代に一律10万円、うち低所得の人には20万円を給付するべきだとして、予算案の組み替えを求めた。野党の提案も「非常時」を理由に、もとになるお金は国債発行である点は変わらない。

首相は、2度目の緊急事態宣言の再延長を決めた3月5日の記者会見で、経済対策として求める声がくすぶり続ける消費税の減税についても質問を受けた。

「消費税はいま、社会保障の財源として幼児教育の無償化、大学の授業料の一定の所得以下の人への減免など約2兆円を使わせていただいています。そういう財源ですので、引き下げは考えておりません」と、否定した。

想定もしなかった感染症への対応に、さまざまな給付金は欠かせなかった、と思う。しかし、一律給付の10万円はすぐに使われず、貯蓄に回った分がそれなりにあった。

消えた「財政再建」の文字

2度目の緊急事態宣言下でも、国会の本会議場では議員が席を一つおきに空けて座った。しかし窓は閉められたままのところが多く、いまだに残る喫煙スペースや委員会を開く部屋の周りは人が多く集まる。1年たっても、世の中のソーシャルディスタンスとは遠い光景が、永田町のあちこちに見えた。

2021年1月18日、通常国会の冒頭であった菅首相の施政方針演説は、マスクをつけたまだった。その半ば過ぎに、こんなくだりがある。

「経済あっての財政との考え方のもと、当面は感染症対策に全力を尽くし、経済再生に取り組むとともに、今後も改革を進めます」

締めくくりの少し前、国会議員に初めて当選したときに官房長官だった梶山静六氏からかけられた言葉を、信条として紹介した。

「今後は右肩上がりの高度経済成長時代と違って、少子高齢化と人口減少が進み、経済はデフレとなる。お前はそういうたいへんな時代に政治家になった。そのなかで、国民に負担をお願いする政策も必要になる。その必要性を国民に説明し、理解してもらわなければならない」

思い入れのある恩師の言葉を盛り込んだ一方で、安倍前首相が8度の施政方針演説で毎回、かろうじて触れてきた「財政再建」「財政健全化」の文字は、最後まで出てこなかった。

あごが外れた？ ワニの口

ここに反応したのが、民主党政権で首相を務めた野田佳彦・立憲民主党最高顧問だ。2月15日の衆議院予算委員会で、菅首相への質問に立つ。

「今日は、党首討論のつもりで質問をしたい。重箱の隅をつついたり、揚げ足をとったりすることは、まったく考えておりません。総理も大きく構えてご答弁いただければと思います」

前置きが終わると、まず2日前に東北で震度6強を記録した地震を取り上げた。首相公邸に住んでいない首相の危機管理の姿勢をただす。その後、国の歳出と歳入をたどるグラフをパネルで見せた。１９９０年度以降に歳出が税収を上回って不足分が広がっていく図柄は、ワニが口を大きく開けている形に似ている。つくった財務省の人たちは「ワニの口」と呼んでいる。

コロナ禍が直撃した２０２０年度は、３度の補正予算も加わって、年間の歳出額はこれまで

通称「ワニの口」(国の一般会計予算)

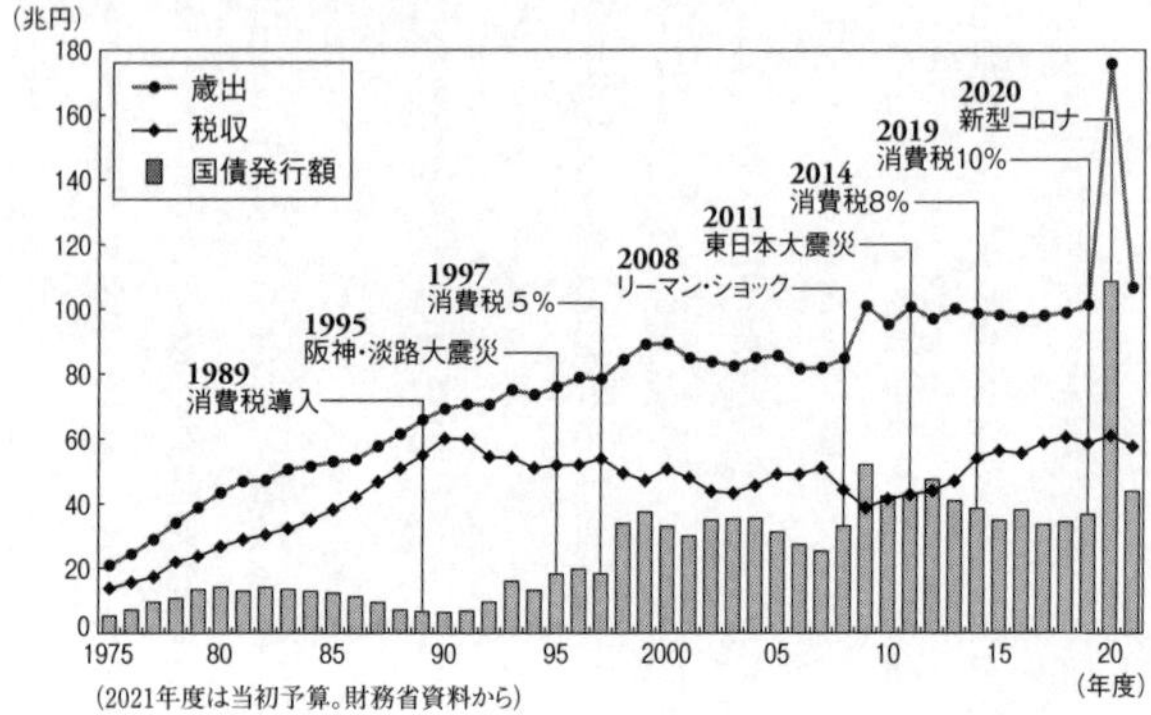

(2021年度は当初予算。財務省資料から)

の100兆円前後から175兆7千億円にふくらんだ。税収は最終的に、60兆8千億円と過去最高になった。消費税率が10%に上がったことに加え、コロナ禍でも収益が伸びた企業があり、法人税も想定を上回って増えた。だからといって、「ワニの口」が一気に広がった現実は変わらない。

この「ワニの口」をめぐって、元首相と首相がやりとりする。

野田「大盤振る舞いと言われても、将来の世代に申し訳ないと言って、借金してでもやらなくてはいけない対策はいっぱいあります。ワニの口が開くというより、直近は下あごがちょっと外れかかった、そして上あごはもう何と言ったらいいのでしょう、めくれ上がった、へし曲がったというか。コロナ禍で緊急事態宣言を出して、多くの皆さんに自粛やご協力をいただいているけれども、財政出動はやむを得ないけれども、財政も緊急事態にあることは強く認識して、国民の皆さまに説明することも必要ではないでしょうか」

菅「我が国の財政はたいへん厳しい状況であることは、申し上げるまでもありません。ただ、大量の国債は現在のところ、市場では低金利で安定的に発行できております。根底には、我が国の経済財政運営に対する信認がある、と考えます。（この信認を）将来にわたって維持するには、財政健全化の取り組みを進めていくことが、私自身も大事だと思っています」

野田「だったらなぜ、施政方針演説で明確に言わなかったのですか。私が質問しているからお答えになっていると思いますが、演説で財政の明確な方針は何にも出ていませんね」

財政ファイナンスの戒めは

財政健全化目標に続けて、元首相は、10年物国債の流通利回りが2021年になってじわじわ上がっているとして、「いつまでも日銀の財政ファイナンスに依存することは、あってはならない戒めとしてお気持ちにあるかどうか、お尋ねしたい」と追及した。

財政ファイナンスとは、いわば日銀が刷ったお札で国の借金を立て替えること。戦前の日本は、政府が軍事費をまかなうために発行する国債をそのまま日銀が買っていた。終戦後、市中に残った国債は紙くずのように価値を失い、猛烈なインフレが襲った。この教訓から、日銀が国債を政府から直接買うことを、財政法は原則として禁止している。

言葉は短かったが、菅首相は珍しく正面から答えた。

「そういう考えは当然、持つべきだと思います」

「公助」の土台、遠ざかっていた財政の議論に、ごく短く応じた。

「目標」の株価3万円

2021年2月15日、日経平均株価の終値は3万0084円15銭をつけた。3万円台は1990年8月のバブルの時代以来、約30年半ぶりだ。

民主党政権が終わる2012年暮れは、平均株価は1万円をわずかに上回る程度の水準だった。それが、第2次安倍政権になって日本銀行が重ねた金融緩和策で回復へと向かい、2万円台は珍しくなくなっていた。

コロナ禍が日本でも広がり始めた2020年3月には経済の先行きへの懸念が強まり、いったん1万6000円台半ばに下落した。そこへ、政府が国民全員への給付金や企業などへの助成金に巨額のお金を次々に出し、実質無利子・無担保の有利な融資が始まると、株式市場にも流れ込んでバブルに似た様相が漂う。日銀の調べでは春以降、お金の流通が急拡大したことが裏付けられている。

株高には、ワクチン接種が進めば経済活動は回復するとの期待感もあった。世界の国々も同じ構図だ。ただ、過熱すれば反動もある。日本も過去に痛いほど経験した教訓だ。

3万円台回復から2日後、国会で株価への感想を問われた菅首相は、慎重に切り出した。

「経済や企業の活動を背景に、さまざまな要因によって市場において決まるものであり、その水準に一つひとつコメントすることは差し控えたいと思います」

ところが、アベノミクスの後継者と言われ、菅政権の成績表として誇らしいかと問われると、まっすぐ前を向いてうなずいた。

「やはり3万円は目標の目標の、また目標でありましたから。3万円を超えたことには感慨深いものがあります」

増税案は突き返す

株価への思いは、官房長官時代から強かった。

2010年代の後半、財務省主税局が考えた、株式の売却益や配当など金融所得への税率を20%から段階的に25%へ引き上げる案を、目もくれずに突き放したことがある。格差是正や財政状況の改善を念頭に、主税局の幹部は何度も菅氏の理解を得ようと試みたが、答えは変わらない。

「反対と知っていて持ってきたのか」

「株価に影響することは認めない。税率を上げる気はない」

株価の上昇は、時の政権の大きな成果の一つとして、歴代の内閣が重視した。第2次安倍政権は、首相夫人の名も登場した森友学園への国有地売却や財務省の公文書改ざん、加計学園の獣医学部新設、「桜を見る会」などの問題をめぐる不透明さで、内閣支持率も影響を受けた。株高は政権の浮揚に欠かせない材料となり、首相を支える官房長官を長く務めた菅氏も株価にはひときわ敏感だった。

安倍政権は株価の維持・上昇のために、1900兆円にのぼる個人の金融資産に目をつけた。株式投資へ誘導しようと、たとえば、一定額まで売却益や配当が非課税になる少額投資非課税制度（NISA）を拡充した「つみたてNISA」の創設を後押しする。NISA口座を使った株式などの買い付け総額は、2020年9月末時点で約20兆8千億円と、この3年でおよそ1・7倍に増えた。

菅氏は首相になったとき、言葉に力がこもっていた。

「バブル崩壊後、最高の経済状態を実現してきた」

「アベノミクスをしっかりと責任を持って引き継ぎ、さらに前に進めていきたい」

届かない2%の物価目標

菅首相が「責任を持って引き継ぐ」としたアベノミクス、第2次安倍政権の経済政策の中心には、ずっと2%の物価上昇率の目標があった。

しかし、株価は上昇しても、物価は目標に一度も届かない。新型コロナ危機からの正常化を見込む2023年度でも前年度と比べて1・0%しか上がらないとの見通しを、日銀が公表したのは2021年4月27日のことだ。

黒田《くろだ》東彦《はるひこ》総裁の約1時間の会見は、開き直るかのような答えが続いた。

「私が総裁になる前の時代に、すでに2%の物価安定の目標が決められていました」

「リーマン・ショックの後、10年程度たっても、主要国の多くで2%に達していなかったわけです。だからといって、2%の目標をやめようとか、金融政策の効果がないという議論は、まったくありません」

総裁の任期2期の10年をかけても、「異次元緩和」の先に達成は見込めない。にもかかわらず、「金融緩和政策が一定の効果を持ってきたことははっきりしていますので、粘り強く続けることによって、2%を達成できると考えています」と、目標は妥当との見方を押し通した。

しぼむＧｏＴｏ、3度目の宣言

コロナ禍でいち早く登場した「ＧｏＴｏ」だったが、緊急事態宣言や蔓延防止の重点措置が常態化した２０２１年前半は、次第に語られなくなる。しかし、「ＧｏＴｏトラベル」は旅行代金が最大で実質半額になるお得感から、２０２０年後半は大きく盛り上がった。

２０２０年7月22日、国内の新規感染者が７９５人と、4〜5月の宣言時を超えて過去最多となった日に始まった。菅首相が官房長官時代から強く後押しした政策で、「街のにぎわい」は戻り始める。

東京の発着分が加わった10月は、のべ２５６５万泊の利用があった。誰でも何回も使えるだけに、大手の旅行予約サイトなどで扱う割引額がいったん減る騒ぎもあった。予約が相次いで各社の販売計画を上回り、国からの予算を見込めなくなったためだ。国はあわてて、旅行会社などに追加で予算を割り振った。宿泊数の制限など、新たなルールも決めた。

冬が近づき、感染の拡大は第3波へと向かう。11月24日には赤羽一嘉国土交通相が「予防的な措置」として、札幌市と大阪市への旅行は止めることを発表した。翌日、専門家でつくる政府の分科会が「トラベル」の一時停止を求める提言を出す。

12月初め、年明け1月末までだった利用期限を6月末まで延長する方針が決まる。これに沿って第3次補正予算案に、延長分も含めた「トラベル」の1兆311億円と、食事代にポイントなどをつける「GoToイート」の515億円が盛り込まれた。

その補正予算案を閣議決定する前日の12月14日夕刻、首相は急きょ、「28日から来年(1月)11日までの措置として、GoToトラベルを全国一斉に一時停止します」と表明した。その後、テレビやネットの番組に出演して、感染が収束しない7月半ばに開始したのは「人の移動によって感染は増えない」とした専門家の意見も踏まえて自身の責任で判断した、と明かした。

「アクセルとブレーキを踏みながら、いろんなご批判もされていますが、命と暮らしを守るなかで、暮らしが壊れたら地域そのものも壊れてしまう。いつのまにかGoToが悪いことになっている」

言い訳のように聞こえるが、経済活動を盛り上げるには不可欠な政策であることを、改めて強調した。観光庁によると、「トラベル」は年末年始の休みが始まる前の12月28日までに、のべ8781万泊の利用があった。国のお金は少なくとも5399億円使われた。1人1泊あたりにすると4649円という。

「しかるべき時期の再開」へ備え

2度目の緊急事態宣言が出た後も、観光地や飲食店へ出かけることを後押しするGoTo関連のお金は、国会で審議する第3次補正予算案に入ったままだった。首相も、さすがに1月18日の施政方針演説で「GoTo」を取り上げない。野党は批判を続けて予算案からの削除を求める。20日の衆議院本会議の代表質問で、立憲民主党の枝野幸男代表が切り込んだ。

「今回の感染拡大は、政治によって引き起こされた『人災』と言っても過言ではありません。総理がこだわったGoToキャンペーンは、税金を使って『旅行に行ってください』『会食してください』と勧めるものです。感染が収まらないなかで強行すれば、火に油を注ぐことは、初めから心配されていました」

質問の最後には、菅首相が就任時に繰り返した、あの理念を持ち出した。

「感染症による国家の危機を乗り越えるには、政治と国民が一つの方向を向いて、ともに歩む必要があります。多くの国民は、すでに十分すぎるほど自助努力をしています。この局面においても自助を強調し、政府による公助を怠りながら、罰則をちらつかせることで対策を進めるような姿勢では、国民の信頼と協力を得られるはずがないと思いますが、いかがですか」

代表質問は一問一答形式ではなく、質問をすべて聞いた後に、首相や関係する閣僚が答弁に立つ。首相はここに引用したどちらの問いかけにも、正面からは答えずに結んだ。

「皆さんが安心して暮らせる日常、そして地方も含めて日本全体がにぎわいのある街を取り戻すべく、全力を尽くしてまいります」

補正予算案は急ぐ必要のあるお金のはずなので、審議に長い時間をかけないのが通例だ。首相は、再開の時期が見えない「ＧｏＴｏ」の費用を入れた理由は「しかるべき時期に事業を再開するときに備えている」と言うだけだった。

さまざまな判断が遅れたとの指摘にも「後手後手と言われていることは、素直に受け止めますけれども、自らの責任のもとで、最高責任者として判断する。私なりに専門家に相談しながら、この国のためにというなかで判断したのが、今回の宣言であります」などとかわした。

「トラベル」「イート」など、すぐに使えない、寝かせておくお金の説明は、何度聞いてもあいまいだ。「国民の命と生活を守る、それが政治の役割」と首相自ら言いながら、「公助」の選択と集中はさらにぼやけていく。

審議が始まって10日後、第3次補正予算は原案のまま、1月28日に成立した。

遠のく政治への信頼

東京都の小池百合子知事が1年前、「来年を楽しみにとっておいて」と話していた花見の季節がめぐってきた。２０２１年3月18日、1都3県に出ている2度目の宣言を期限となる3日後までで解除することが決まる。桜は東京で咲き始めていた。

都知事は2年続けて、「都民の皆さまへのお願い」を訴えた。

「お花見のシーズンですが、宴会は『なし』でお願いします。謝恩会、歓送迎会、こちらも『なし』でお願いします」

感染状況が落ち着いたとは見えないなか、3月26日、総額１０６兆６０９７億円の２０２１年度当初予算が、例年とほぼ同じ時期に成立した。

同じ日、国土交通省は使えないままでいた「ＧｏＴｏトラベル」の1兆円を超える予算のうち、3千億円を都道府県独自の宿泊料金の割引などの補助へ転用し、4月から支給を始める、と発表した。1人最大で7千円分。感染状況が政府の分科会の指標でステージ２（感染漸増）以下であることが条件だ。

しかし、そのステージを判断するのは各知事とされた。赤羽国交相も会見で、割引の継続や停止の判断は「県の判断にゆだねる」と言うだけだった。

2度目の宣言の解除が首都圏より先行した大阪府や兵庫県では、また感染者が急増した。宣言を出さないで済むようにと政府が設けた「蔓延防止等重点措置」では抑え切れず、東京、大阪、兵庫、京都の4都府県に4月25日、3度目の宣言が出た。

大型連休を含む17日間が対象で、映画館や美術館は一斉に閉まった。百貨店も、食料品や化粧品以外の売り場は臨時休業になる。飲食店では、稼ぎ頭の酒類を出すことが止められた。予備費の5兆円からさっそく、都道府県が中小企業などの事業支援に充てる交付金として、5千億円が使われた。

連休明け、宣言の対象地域が少しずつ広がり、期限が5月末まで延長になる。「一日も早くワクチン接種を進めて、新型コロナに打ち勝つ」と首相が言って、6月20日までの再延長も決まる。新たな期限の1カ月後には、延期になった東京五輪の開幕が控える。

1年余り前の最初の宣言のときより人の流れは多く、感染力の強い変異株のウイルスへの懸念が増す。新型コロナは、当たり前と思われた日常の風景をなお崩していく。止まっている「GoToトラベル」の水色のポスターがあちこちの店の窓や扉に貼られたまま、初夏、そして梅雨を迎えた。

「自助、共助、公助」の理念を菅首相から直接聞く機会は、めっきり減った。宣言の延長や解除のたびに記者会見などで呼びかける言葉も、あまり印象に残らない。給付金や協力金のなかには役割を果たしたものもあるが、場当たりの「公助」が目立ち、「いちばんいま困っている人」は誰なのか、必要な支援が届けられているかどうかは、なお見定められない。滞る仕組みがどこかで改善された手応えも、感じられない。

政権の判断は、暮らしや命より五輪開催を最優先するかのようにも映る。先の見えない感染症を相手に、自助、共助、公助をどう組み合わせていくのか、議論は深まらない。なにより政治と人々の信頼が遠のいたまま、時は過ぎていく。

第2章　「異次元」の政治判断　消費税とアベノミクス

「輪転機ぐるぐる」の真意

歴代最長政権となった第2次安倍政権では、流れるように言葉を繰り出す首相の姿が定番だった。「次の首相」と目されたときから、始まっていた。

「政権をとったら日本銀行と政策協調し、2%、3%のインフレ目標を設定する」

「輪転機をぐるぐる回して、日銀に無制限にお札を刷ってもらう」

自民党の安倍晋三総裁のこの発言は、2012年11月15日と17日。民主党政権の野田佳彦首相が国会の党首討論で、突然の衆議院解散を打ち出した直後のことだった。

消費税率を10%に引き上げる法律が、民主党と自民党、公明党との「3党合意」をもとに成立してから3カ月、株式や外国為替の市場は「次の首相」の言葉に反応した。8000円台になっていた日経平均株価は急上昇して9000円台を回復し、円安も進む。

公共事業に使う建設国債については「できれば日銀にぜんぶ買ってもらう。これによって、新しいマネーが強制的に市場に出ていく」と踏み込んだ。そして「自民党が政権をとったら、インフレ目標に賛成してくれる人を日銀総裁に選びたい」とも言い切った。

真っ向から反対したのは、当事者である日銀の白川方明《しらかわまさあき》総裁だった。20日の金融政策決定会合後の記者会見で反論した。

「日銀による大量の長期国債の買い入れが、財政ファイナンスであるという誤解が生じると、長期金利が上昇し、財政再建だけでなく実体経済にも大きな悪影響を与える」

「中央銀行が通貨を発行する権限をバックに国債を引き受けると、通貨の発行に歯止めが利かなくなる」

「2％、3％のインフレ目標」は「現実的ではない」と切り捨てた。

Buy my Abenomics

解散に伴う12月の衆議院選挙で、自民党はデフレからの脱却、円高の是正、大胆な金融緩和などを公約とした。「物価上昇率2％」を目標に掲げて、政権を奪い返した。師走の26日、再登板の就任会見に臨んだ安倍首相は、自信たっぷりに宣言した。

「強い経済は、日本の国力の源であります。強い経済の再生なくして、財政再建も日本の将来もありません」

「内閣の総力を挙げて、大胆な金融政策、機動的な財政政策、民間投資を喚起する成長戦略、この『3本の矢』で、経済政策を力強く進めて結果を出してまいります」

年が明けた2013年1月22日、「3本の矢」の1本目が放たれる。政府と日銀は、「物価上昇率2%での安定」という目標を明記した共同声明を発表した。そこには「政府は日本経済の競争力と成長力の強化に向けた取り組みを具体化し、これを強力に推進する」「持続可能な財政構造を確立するための取り組みを着実に推進する」とあった。

続いて、5年の任期満了を迎えた白川総裁の後任に、財務省で財務官を務めた黒田東彦氏を起用する。金融緩和政策に積極的な考えを示していた黒田新総裁は、就任して最初の4月4日の金融政策決定会合で、国債の買い入れ額を増やして市場に流れるお金の量を年間に60兆〜70兆円増やすことなどを打ち出す。記者会見では「これまでとは次元の違う金融緩和です。戦力の逐次投入をせずに、現時点で必要な政策をすべて講じたということです」と説明した。

日銀は2001年3月〜06年3月の5年間にも量的緩和策をとり、最大で35兆円の資金を市場に流し込んだ。黒田新総裁が主導して2年かけて投入するお金は、この4倍近い「異次元」への突入だった。

「あくまで2%の物価安定目標を達成するための金融緩和の方法で、財政ファイナンスをする意図はまったくありません。日銀が自主的に、金融緩和の方策として長期国債の買い入れをおこなっていくことです」

こうも言って、前総裁が示した懸念を否定した。

世界経済の回復も追い風に、株高や円安はいちだんと進む。政権の支持率も上がって迎えた2013年9月、米ニューヨーク証券取引所を訪れた安倍首相は、約300人の金融関係者らを前にスピーチに立つ。政権交代前にマイナスだった経済成長率がプラスへ転じた指標を示して、「足もとの日本経済は極めて好調です」と自信を見せる。

さらに「世界経済回復のためには、3語で十分」として、「Buy my Abenomics（アベノミクスを買いましょう）」「いまがチャンスです」と、日本株への投資を呼びかけた。

2014年1月の通常国会では、自ら「好循環実現国会」と呼んで、「景気回復の実感を全国津々浦々にまで、皆さん、届けようではありませんか」とうたいあげる。日銀が国債の大量買い入れなどによってお金を世の中に流し、企業は工場を建て、個人は車や家を買う。そうなれば景気は上向き賃金も上がる、こうした「好循環」を描いた。

MMTとは一線

景気回復のための歳出にならもっと借金をしてもいい。そんな主張を支える理論の一つに、現代貨幣理論（Modern Monetary Theory＝MMT）がある。

自国の通貨（日本なら円）建てで国債を発行できる国は、借金を返すための通貨を自由に発行できるので、破綻を心配する必要はない。中央銀行が超低金利の政策を続け、国債を大量に買い入れるなら、政府は次々に借金をしても構わない――という立場で、インフレにならない限り財政赤字を増やしてもいい、と主張する。

財政をめぐる伝統的な主流の議論とは、相いれない。こちらは政府がどんどん借金を増やすと、国債の発行量が金融機関などで受けられる分を超えてしまい、買い手がなくなって価格が暴落し金利が跳ね上がる、という考え方だ。金利が上がると、モノの値段が上がりやすくなり、国民の暮らしにしわ寄せがいく。借金がふくらむと、今度は歳出を抑え込もうと、年金や医療などの社会保障サービスも削られる、と考える。

日本は1990年前後をピークとするバブル経済が崩壊した後、国の税収が減ったことから、財政は国債の増発に頼り続けた。30年ほどたち、その残高は経済規模を示すGDP（国内総生産）を大きく上回る。それでも、インフレも通貨価値の下落も起きていない。米国などでＭＭＴが注目されたこともあって、「もっと借金をしてもいいから、多くの政策にお金を使うべきだ」とする勢力が強まっていく。

安倍首相は、こうした主張を唱える学者らと親しい。民主党から政権を奪還したときの空気感を含めて、のちに国会で話している。

「確かに、２０１２年に私が総裁選挙に出たとき、アベノミクスの原型、大胆な金融緩和について主張したときに、それをやったら国債は暴落し、円も暴落すると言われた。実際は、国債の金利は下がり、円が暴落したわけではないんですね」

「政府として、むだな支出はしっかり戒めていかなければならない。我々はＭＭＴの論理を実行しているのではないのであります」

麻生太郎財務相も「日本を（ＭＭＴの）実験場にする考え方を、いま持っているわけではありません」と答えた。黒田総裁も「財政赤字や債務残高を考慮しない考え方は極端な主張で、なかなか受け入れられない」と同調した。

そして、日銀が国の借金の累積である国債残高の４割を超えて持つ、といういびつな状況は、そのまま菅義偉政権へ引き継がれた。

消費税8%「予定通り」の代償

消費税率を2014年4月に5%から8%に上げることは、3党合意に基づいて法律で決まっていた。

17年ぶりの増税になる。税率が3%から5%に上がった1997年以来で、当時はアジア通貨危機や山一証券の経営破綻など金融危機と重なった。増税が加わって景気を冷え込ませた、との見方が多い。

安倍首相は予定通りに8%への増税へ向かうか、慎重だった。増税するかどうかを首相が考える材料にしたいと、「今後の経済財政動向等についての集中点検会合」が2013年8月下旬に開かれた。学者、業界団体やNPOの代表、自治体の首長ら60人が、意見を言うメンバーに名を連ねる。

全7回の会合をまとめた報告書によると、メンバーの7割超が、予定通りの増税に「適当かやむを得ない」と肯定的だった。1割ほどは、デフレ状態が続いていることなどを理由に「予定を変更するべきだ」と否定した。

肯定派はその理由に、社会保障制度の充実とそのための財源を確保すること、将来世代への負担の先送りを止めて世代間格差の是正を図ること、などを挙げた。

否定派からは「1%ずつ引き上げる」「引き上げを1年、先送りにする」「デフレ脱却後まで見送る」などの選択肢が出た。予定通りに増税しなかったときも「長期金利は急激には上昇しない」「市場の混乱、国債の格下げを生じさせる」などと、見方はさまざまだった。

増税を考える場合、目の前の景気の動きだけをみるのでは十分とは言えない。所得の低い人への目配り、社会保障としての使い道や将来へ向けた安心感、世代間で生まれる不公平感の解消など、幅広い視点が欠かせない。一方で、足もとの経済への打撃が大きければ、賃金や雇用に響いてくる。与える影響のバランスをどう考えるかが焦点となる。

復興特別法人税は廃止

10月1日、首相の記者会見は、1964年に開業した東海道新幹線、そして東京オリンピックの話から入り、予定通りの増税実施を正式に表明した。

「半世紀前のこの日のように、我が国経済が再び希望と活力、成長への自信を取り戻す。そして、国の信認を維持し、社会保障制度を次世代にしっかりと引き渡す。これらを同時に進めていくこと、これが私の内閣に与えられた責任であります」

「社会保障を安定させ、厳しい財政を再建するために、財源の確保は待ったなしです。だからこそ昨年、消費税を引き上げる法律に私たち自由民主党、公明党は賛成をいたしました」

選挙区の山口県・長州藩の当主だった毛利重就の「4万石の未来への投資」も引き合いに、とうとうと語る。その首相自身は野党時代、「消費税を引き上げる法律」に直接はかかわっていない。その反動なのか、経済対策で独自色を打ち出すほうに力を注ぐ。東日本大震災からの復興費に充てる企業への増税「復興特別法人税」は、3年間の予定を前倒しして2年でやめた。国政選挙の時期もにらみ、早くから固めた方針だった。

家計にも負担が及ぶ消費税は上げて、企業に対する法人税は予定を変えて早々に下げることは、「企業優遇」との批判を浴びかねない。記者会見でこの点を問われると、「法人対個人という考え方は、私はとらない。企業の収益が伸びていけば雇用が増え、賃金が増えていけば家計も潤っていく」と反論した。

景気回復、強気の見立て

2014年4月1日、消費税率は8％になる。

JR東日本は、運賃を1円単位にしてICカードと現金払いとで額を別々にした。日本郵便のはがきは、50円から52円になった。増税直後の買い控えを抑えようと、税込み価格を据え置いて、実質値下げをしたスーパーもあった。

増税の前日、その意義を首相は国会で改めて強調した。

「我が国の世界に誇るべきこの社会保障制度を、次の世代に引き渡していくためです。（景気が）7月から成長軌道に戻れるよう、全力を尽くしたい」

増税からひと月がたっても、日銀は強気だった。公表した「経済・物価情勢の展望」で「景気はいったん落ち込むと予想されるが、個人消費の基調的な底堅さは維持される」として、増税によって腰折れはしない、との見方を示す。甘利明経済再生相は8月になっても「好循環がしっかり回っていくことが大事。先行きは明るいイメージになっていく」と言って、政府側も緩やかな景気回復の見立てを崩さなかった。

「再び延期はない」と断言して解散

消費税は税率を8％にした1年半後に10％にすることも、やはり法律に書いてあった。8％になって半年、景気の腰折れ感が強まった2014年秋、法律の通りに再び増税するかどうかが政治の焦点となる。

自民党の谷垣禎一幹事長は、9月3日の記者会見ではっきり言った。

「法律上は、さらに10％へ上げていくというレールが敷いてあるわけです。基本は、法律に書かれた通りに進めていくことだと思います」

野党時代の自民党総裁として3党合意をまとめた1人だけに、その言葉からは安倍首相と異なる思い入れを感じる。もう1人の立役者、公明党の山口那津男代表も10月21日の講演で「引き上げしないとなれば法律をつくり直したり、なぜやらないかをきちんと説明したり、先々どうするのというのも問われる」と、増税の延期論に釘を刺す。

この間、安倍首相は国会で、どっちつかずの発言をしていた。「消費税の増税は社会保障制度を維持し、国債の信認を守るために必要」としながら、「景気が悪化し、税収が増加しない事態は避けなければならない」とも言った。政府は毎月出している景気の基調判断を、9月に続いて10月も下げた。

10月末、日銀は金融緩和の追加策に踏み切る。景気の足どりが思うほど強くならず、目標とする物価上昇率2％の実現も見通せないためだ。長期国債の買い入れ額を増やすなどして、市場に流すお金の量を、すでに巨額の年間60兆～70兆円から80兆円のペースで増えるようにする。黒田総裁は、日銀は物価目標へ緩和策をさらに拡大するから、政府は財政再建のために増税を避けないでほしい、とのニュアンスを国会答弁などで口にする。

11月に入り、政府は前回と同じように「点検会合」を開いた。計5回、参加者は45人と前回より少ないが、同じ顔ぶれは少なくない。予定通り2015年10月の10％への引き上げに、「相当数」が賛同した。しかし議論が最後までいかないうちに、報道が先んじる。

「消費増税先送り検討　来月総選挙へ」

点検会合のメンバーに戸惑いが広がる。会合では、子育て支援などの財源として税率の引き上げは必要、という意見も出る。首相に近い本田悦朗・内閣官房参与は「アベノミクスの景気浮揚効果と4月の消費税増税による景気抑制効果が拮抗状態にある」と1年半の延期を唱えた。

11月17日、国際会議への出張から帰国した首相を待っていたのは、7～9月期の実質GDPのマイナス成長だった。数字が上向くとの期待が大きかっただけに、「想定外」との受け止めだ。甘利経済再生相は「アベノミクスは成功しているが、何巡かしないと完成形に至らない。何巡かするまでの時間を与えてもらいたい」と釈明した。

景気条項外す「決意」

国政選挙での勝利は、念願の憲法改正を目指すうえで欠かせない礎となる。第2次政権で安倍首相はずっと、消費税の扱いをその礎固めの一つに使った。

翌18日の記者会見で、首相は冒頭発言のほとんどを、アベノミクスと消費税10％の1年半の延期の話に費やした。まず「3本の矢の経済政策は、確実に成果を上げつつあります」と自賛し、「経済の好循環」の証に次々と数字を挙げた。

・政権発足以来、雇用が100万人以上増えた
・有効求人倍率は22年ぶりの高水準
・給料も平均2％以上アップし、過去15年で最高

そして「景気判断条項に基づいて、増税延期の判断をいたしました」と続け、延期に伴う「懸念」への対応に自信を見せた。

「財政再建の旗を降ろすことは、決してありません。社会保障を次世代に引き渡していく責任を果たしてまいります。安倍内閣のこうした立場は、いっさい揺らぐことはありません」

「18カ月後、さらに延期するのではないかといった声があります。再び延期することはない、ここで、皆さんにはっきりとそう断言いたします。2017年4月の引き上げについては、景気判断条項を付すことなく確実に実施いたします。3年間、3本の矢をさらに前に進めることにより、必ずやその経済状況をつくり出すことができる。私は、そう決意しています」

景気条項とは、経済の動きを見て増税の延期やとりやめができるという、法律にあるただし書きだ。これを根拠に今回は延期するが、次は必ず増税するので条項はいらない、と説明した。

「代表なくして課税なし」

では、なぜ衆議院の解散をするのか。理由を続ける。

「税制は、国民生活に密接にかかわっています。代表なくして課税なし、アメリカ独立戦争の大義です。国民生活に大きな影響を与える税制において重大な決断をした以上、また私たちが進めている経済政策は賛否両論があります。そして、抵抗もある。その成長戦略を国民の皆さまとともに進めていくためには、どうしても国民の皆さまの声を聞かなければならないと判断いたしました」

引用した「代表なくして課税なし」とは、18世紀のアメリカ独立戦争で、母国イギリスの不当な課税には納得できないと叫ばれた言葉だ。自分たちの代表者がいないところで決まった税は納める必要がない、そして国を支えるためには一人ひとりが税を納める必要がある、との決意を示している。

首相は「税こそ民主主義、まさに議会制民主主義は税とともに歩んできたのです。その税において、公約に書いていないことをおこなうべきではない」という言葉も紹介した。増税の延期と景気条項を外すことは「重大な変更」なので国民の信を問うことは当然で、「民主主義の王道」とも言い切った。

この衆議院選挙で、自民党と公明党は合わせて憲法改正の発議ができる「3分の2以上」を上回り、326議席を獲得した。投票率はこれまでの戦後最低を大きく下回る52・66%。増税延期を審判するはずの選挙に、有権者の半数近くは足を運ばなかった。

迷走続けた軽減税率

消費税は、買い物をしても、電車やバスに乗っても映画を観ても、料金に上乗せされる。ほぼすべての人にかかる税金で、所得や蓄えの少ない人たちの負担は相対的に大きい。このため、増税するときにはその負担を軽くする仕組みをどうつくるか、暮らしが厳しい人たちにどこまで補助のお金を出すかが、議論の中心となる。

3党合意に基づく消費税などの法律には、三つの方法を検討すると書かれていた。総合合算制度、給付付き税額控除、そして軽減税率だ。

総合合算制度は、医療や介護、障害、子育てにかかる自己負担の合計額に上限を設けて、超えた分に補助をする。給付付き税額控除は民主党が強くこだわった案で、税金の控除と現金の給付を組み合わせた考え方だ。

安倍政権はこの3案のうち、公明党が強く主張した軽減税率の採用へ突き進む。「いつから」「何を対象に」するかの議論は増税時期が先に延びたこともあって、決着は2015年に持ち越されていた。対象とする商品としないものをどう区分けするのか、「税を軽くした」と実感を持てる対策にできるか、店が税率を見分けるための事務経費や手間がかかりすぎないかなどの課題は多く、自民党内には導入に反対の声が多かった。

2015年5月から本格化した与党協議で、8案あった軽減の対象とする商品を、「精米のみ」「生鮮食品」「酒をのぞく飲食料品」の3案に絞り込み、課題を整理した。しかし、対象を絞り込みたい自民党と広くしたい公明党の間でまとまらない。財務省が素案をつくり始める。そしてこの案が、9月に再開した自公協議でさらなる迷走を招いた。

批判つきまとった財務省案

軽減税率が入ると、当初の見込みより税収は減る。すでに軽減税率がある海外の国では、持ち帰る商品の数によって税率が変わる複雑さや、どの商品が対象なのかを見分ける難しさが言われてきた。所得が高く、買い物の額が多い人ほど、恩恵を受けやすくなることも避けたい。

財務省は、不公平感を抑えようと苦心したのだろう。マイナンバーカードを使って酒類をのぞく飲食料品を買ったときに、増税幅と同じ2%に相当するお金を後からそれぞれの預貯金口座へ戻す案を考え、「日本型軽減税率」と名づけた。

どんな商品やサービスも、まず消費税は一律に10%ずつ払う。酒類をのぞく飲食料品を買うときは、店に置いた専用の端末にマイナンバーカードをかざして、2%分の金額の「還付ポイント」を受け取る。ポータルサイトから口座登録をして、還付申請をする。

口座に還付する金額は、1人につき年4千円を上限とする。つまり年間に20万円、1カ月平均で1万7千円弱の買い物やサービスまで税負担が軽くなる。自公の幹部は大筋で了承していたが、公明党が選挙などで掲げる軽減税率とはまったく違う制度だ。マイナンバーカードを持っている人は少なく、カードを持つことを強いられるとの反発、そして小売店側からは複雑な手間などへの疑問があがった。

公明党の会合では「軽減税率ではない、単なる還付措置だ」との意見が出る。「白紙撤回してほしい」など怒号も飛び交った。自民党の会合では「マイナンバーカードは任意だったのに、事実上、義務化される」との批判が出た。麻生財務相はこの案に「こだわるつもりはまったくありません。もっと簡単な案があるなら、我々には考えられなかったんで、ぜひお考えいただいたらいい」と突き放したが、妥協点は見いだせない。結局、首相は10月、軽減税率に慎重な自民党税制調査会の野田毅会長を更迭して、後任に宮沢洋一・前経済産業相を指名する。軽減税率の導入を自ら指示し、時期も「税率10%と同時に」と決めた。

にじむ政治の思惑

何を軽減税率の対象にするかは決まらないまま、さらに2カ月、自公の主張は開きを抱え、協議が続く。税収が減る分をどう埋めるかの議論も、結論が出ない。

自民党は対象を生鮮食品だけとする案をとり、税収減は3400億円とはじいた。しかし、たとえば刺し身の場合、単品なら生鮮食品、盛り合わせは加工食品となり、区分は難しくなる。公明党は酒類と外食をのぞくすべての食品を対象に求め、減る税収は1兆円と試算した。加工食品の区分をめぐる攻防を経て、自民党が選挙協力をする公明党との関係を考慮して譲歩する。

最終盤で、今度は自民党が「外食も軽減税率の対象に含めてはどうか」と、より広げる案に踏み込もうとした。12月、最終的に公明党案に沿った決着にたどり着く。

税制改正の内容をまとめた大綱は、軽減税率のメリットを「買い物の都度、痛税感の緩和を実感できる」と書く。税収が減る分の手当ては議論を深めることなく、のちに社会保障費の削減など過去の「成果」を持ち込んで、つじつまを合わせたかのような形をとった。

日々の暮らしの実感より、有権者へのアピールを意識した政治家の思惑が、強くにじむ。

増税再延期の「新しい判断」

二転三転した軽減税率もいちおうの決着をみて、2016年が明けた。安倍首相が「確実に実施する」と明言した消費税率10%は、1年3カ月後に迫る。

日本の国会は、翌年度の予算案を審議する通常国会が1月に始まる。ほかに、災害や景気の悪化への予算対応など審議を急ぐ臨時国会、衆議院の解散・総選挙の後に召集する特別国会がある。

この2016年の通常国会へ向けて、首相が1月4日に臨んだ年頭の記者会見は、恒例の伊勢神宮参拝後の三重県ではなく、東京の首相官邸で午前10時に始まった。底堅い内閣支持率を背景に余裕も感じられる口調で、「17年ぶりの高い賃上げも実現し、景気は確実に回復軌道を歩んでいます」などと話す。

振り返れば、政権の勢いがピークだったころになるが、いま一つ歯切れが悪い。

「新興国経済の勢いに陰りが見え始め、世界経済は不透明感を増しています。5月の伊勢志摩サミットは、世界経済の未来に挑戦する大きなきっかけにしたいと考えています」

北海道・洞爺湖《とうやこ》で開いて以来、8年ぶりの日本開催となる主要7カ国（G7）首脳会議（サミット）へ向けて、「何か」を考えている様子がうかがえた。

「リーマン・ショックや大震災級」

もし消費税率10％への増税をもう一度延期する事態があるとしたら、首相が繰り返し挙げたのは「リーマン・ショックや大震災級」だった。2月24日の国会で、今度は「世界経済の大幅な収縮が実際に起こっているかどうか、専門的な見地の分析も踏まえ、そのときの政治判断において決められる」と答弁した。

1年前は1ドル＝120円台まで円安が進んでいた円の対米ドル相場は、中国経済の減速や原油安などもあって反転し、円高になり始めていた。一時は2万円台まで戻していた日経平均株価は、1万5000円台へ下がった。前年10〜12月期のGDPもマイナス成長となり、日本経済の先行きに懸念が生まれていた。

3月16日、今度は「国際金融経済分析会合」という名で、海外の著名な学者やエコノミストが代わる代わる首相官邸に招かれた。会合は、5月までに7回あった。

初回に出たジョセフ・スティグリッツ米コロンビア大学教授は「現下の世界経済の状況は、大きく低迷している。危機ではないが、成長は減速している」として、日本の消費税率の引き上げは「総需要を増加させるものではない。いまのタイミングでの引き上げは適切ではない」と指摘した。これに、首相が問いかける。

安倍「アベノミクスは、もともと3本の矢で成り立っていた。消費税を3％引き上げた後、消費は十分に戻っていない。世界経済が不透明ななかでクリアなメッセージを出したい。どういうメッセージが効果的か」

スティグリッツ「金融政策は効果があったが、限界にきている。財政政策へ移すべきだし、そのための財政余地もある。需要を創出できる余地があるというメッセージを出すべきだ」

安倍「日本には大きな累積債務があるが、経済が失速したら元も子もない。日本も含めて世界の需要をつくっていくことが重要という、たいへんいい示唆をもらった」

このやりとりに、菅官房長官は「消費税率の引き上げの判断を目的としたものではない、勉強会だ」と言って、前のめりの反応を牽制した。

2日後、公明党の山口代表は名古屋市の講演で、諭すように語る。

「来年4月の10%への引き上げを法律で決めたのは、なかなか重いのです。単に経済的な側面だけを見て、決めたものではない。社会保障の将来に向けての安定財源を、しっかり確保する。国債によって財源をまかない、財政が悪化するのを食い止める。そして長い目で財政を健全化するという大きな意義が、社会保障と税の一体改革にはあった。その観点からどう判断するかというのが、いまの国際金融経済分析会合のなかでは明確に語られておりません」

「もう一つは、政治的な意思決定の重みです。安倍総理は8%への（影響の）重さを実感して10%を先送りして、解散・総選挙をやった。逆進性緩和として、軽減税率を入れた。この政治的な意思決定を時々のいろいろな状況によって変えることが、国民の信頼、納得、あるいは広く市場や国際社会の納得を得られるのかということも、しっかり考える必要があります」

政治判断を伴う消費税率の引き上げは、さまざまな要因が絡み合う。再延期しないと断言した以上、整合性のある説明が欠かせない。首相は、年頭会見以降の国会の答弁や分析会合のやりとりで、「増税再延期やむなし」の空気づくりを一つひとつ重ねていく。

4月14日と16日、熊本地方で震度7級の強い地震が起きた。「被災地の復興優先」という新たな判断材料が加わった。

「下方リスクの指摘多い」と総括

5月18日、国会の党首討論で、民進党の岡田克也代表が首相の本心を引き出そうとする。増税の再延期はないと断言して、衆議院を解散したときの首相の言葉も引用して迫った。

「必ず消費税を上げられる状況に持っていく、この国民との約束が果たされていないなら内閣総辞職だ。そのぐらいの責任があると申し上げておきたい」

首相は「リーマン・ショックあるいは大震災級の影響を及ぼす事態が起こらない限り、消費税を上げていく」などと繰り返すだけで、再延期するかどうかに直接は答えない。岡田代表は「私が2度お聞きして総理がお答えになりませんから、私はないと理解しますよ。もしそれで再延期するとなると、国民へのきちんとした説明責任が生じます」といって、「増税再延期」をむしろ先に切り出した。

「消費がこれだけ力強さを欠いているなかで、私はもう一度、消費税の引き上げを先送りせざるを得ない状況だ、そう思っております」

続けて、増税を先送りする場合の条件を挙げた。

・財政健全化の2020年度達成の目標は変えず、消費税率は2019年4月に10%にする
・公共事業の重点化など、行財政改革の具体的な計画を策定する
・所得の低い人への対策は増税を先送りしても予定通りにおこない、社会保障の充実を図る
・足りない財源は赤字国債でまかなう
・軽減税率は白紙に戻して、総合合算制度、給付付き税額控除とあわせ、議論をやり直す

安倍首相は「岡田代表から、財源についてもご提案いただいた。申し上げた従来の考え方のなかで適切に判断をしていく」と議論を収めた。

19日まで続いた分析会合では、多様な意見が出た。ポール・クルーグマン米ニューヨーク市立大学教授は「債務問題にかかわらず、財政出動すべきという強い意見を持っている」と発言する。首相の胸の内と重なる意見だ。アンヘル・グリア経済協力開発機構(OECD)事務総長は「条件が許せば、10%への引き上げは予定通り完全に実施すべきだ。一度先送りしており、日本への信認に疑問が生じている」と増税実施論を披露した。米国のバラク・オバマ政権で大統領経済諮問委員会(CEA)委員長を務めたクリスティーナ・ローマー氏も、いまはリーマン・ショックのあった2008年のような「経済危機ではない」としたうえで、「財政刺激策

をとる場合には、手段を思慮深く考える必要がある」と同調した。

両論の意見があっても、菅官房長官は記者会見で「総じて下方リスクを指摘する専門家が多かった」と総括した。5月25日、民進党は党首討論での岡田代表の主張を踏まえ、増税を2年先送りする「消費税引き上げ延期法案」を衆議院に提出した。

首相発言、独仏首脳は否定

伊勢志摩サミットは5月26日、初日の昼食会を迎えた。ここで、日本政府は原油など商品価格の下落率がリーマン・ショック時に匹敵することなどを示す資料を用意した。

首相側近が内々につくり、複数の経済官庁幹部は「直前まで知らなかった」と打ち明けた。首相はこの資料を使って、海外の首脳を前に中国や産油国など新興国が抱える景気下降リスクを強調する。リーマン・ショック直前の2008年の洞爺湖サミットを「危機の発生を防げなかった」と指摘し、「今回も経済対策について具体的なアクションをとらないと同じ轍になる」と主張したという。

翌27日、各国メディアを前にした議長としての会見で、首相は「リーマン・ショック」という言葉を7度も使って世界へ発信した。

「世界経済が、通常の景気循環を超えて危機に陥る大きなリスクに直面している。G7はその認識を共有し、強い危機感を共有しました」

「アベノミクスのエンジンをもう一度、最大限にふかしていく決意であります。消費税率引き上げの是非も含めて検討し、夏の参議院選挙の前に明らかにしたいと考えています」

しかし、各国首脳で「共有」の受け止め方は異なった。同じ日の別の会見で、フランスのフランソワ・オランド大統領は「かつては全首脳が、我々が危機の最中にいることを認識していた。いまはむしろ、私たちは危機の後にいる」と指摘した。ドイツのアンゲラ・メルケル首相も前日、「特に新興国に弱さはあるが、世界経済はそこそこ安定した成長を維持している」と語っている。

英タイムズ紙の電子版は、「世界の指導者たちは安倍首相の懸念に同調せず」という見出しの記事を配信した。

サミットが終わって、与野党の議論が再開した31日、民進党など野党4党は共同で、衆議院へ安倍内閣に対する不信任決議案を提出した。岡田代表は本会議での趣旨説明で、「公約違反の経済失政、アベノミクスの失敗」などを不信任の理由に挙げた。消費税の増税再延期には、首相が「再び延期することはない」と断言していたこと、G7で「強い危機感を共有した」という首相の認識がメルケル首相やオランド大統領の見解を見ても根拠がないことを取り上げ、厳しく批判した。

「リーマン・ショック前夜とあおり立て、世界経済の危機を誇張しているにすぎないのです。サミットの場を利用して自らの経済失政をごまかし、消費税引き上げ再延期を正当化するなど、前代未聞、我が国の名誉と信用を大きく傷つけるものです」

不信任案は、圧倒的に多数の議席を持つ与党に否決された。

「これまでのお約束」はどこへ

6月1日、安倍首相は自ら敷いてきた道に沿って、増税の再延期を正式に表明する。通常国会の閉会を受けた官邸での記者会見で、5日前の会見で話した見解を繰り返した。

「世界経済が大きなリスクに直面している。いまこそアベノミクスのエンジンを最大にふかし、こうしたリスクを振り払う。一気呵成《いっきかせい》に抜け出すためには、脱出速度を最大限まで上げなければなりません」

いまそこにある「リスク」の回避を優先して、中長期の社会保障制度の基盤を支える消費税の増税は先送りする。安倍首相が選んだ道だ。そして続けた。

「2020年度の財政健全化目標は、しっかりと堅持します。そのぎりぎりのタイミングの2019年10月に消費税率を10％へ引き上げる。30カ月延期します」

これまで挙げてきた「リーマン・ショックや大震災級」の説明は、抑え気味だ。

「熊本地震を『大震災級』だとして再延期の理由にするつもりも、もちろんありません。そうした政治利用は、ひたすら復興に向かって頑張っておられる被災者の皆さんに、たいへん失礼なことであります」

翌月に迫る参議院選挙に、話を進める。

「再延期するという私の判断は、これまでのお約束とは異なる『新しい判断』であります。公約違反ではないかとのご批判があることも、真摯に受け止めています。国民生活に大きな影響を与える税制において、これまでお約束してきたことと異なる判断をおこなうのであれば、まさに税こそ民主主義であります。信なくば立たず。国民の信頼と協力なくして、政治は成り立ちません。『新しい判断』について国政選挙であるこの参議院選挙を通して、国民の信を問いたいと思います」

前回、増税の延期を判断した会見で使った「代表なくして課税なし」「税こそ民主主義」のフレーズも、改めて「私の考え方として一貫している」と持ち出した。

そして、岡田代表が訴えた再延期の条件にあった財源については、「民進党のように、赤字国債を発行して社会保障費をすべてまかなうことは、私は無責任だと思います」と切り捨てた。増税の時期が先に延びる分、「給付と負担のバランスを考えれば、（税率を）引き上げた場合と同じことをすべてできないことは、ご理解をいただきたい」とも言って、予定していてもあきらめる政策があることをにおわせた。

その参議院選挙は選挙権年齢が18歳まで下がってから初めての国政選挙で、18歳と19歳の約240万人が投票できるようになった。自公は改選議席の過半数を得て、「新しい判断」の再延期は肯定される。

税率10％へ「国難」突破

消費税率10％の再延期表明から1年3カ月後、安倍首相は２０１７年9月25日の記者会見で、衆議院を解散することを表明した。「お約束」をまた、変えるからだ。

「子育て世代への投資を拡充するため、これまでお約束していた消費税の使い道を見直すことを本日、決断しました。国民の皆さまとのお約束を変更し、国民生活にかかわる重い決断をおこなう以上、すみやかに国民の信を問わねばならない。そう決心いたしました」

衆議院議員の任期は4年。首相は重要と思うテーマについて国民の意思を確かめるときや、政治家の大きなスキャンダルなどで国政の運営が行き詰まったときなどに、自らの判断で衆議院を解散して選挙をすることができる。憲法にある定めで、このときは野党が求めた臨時国会を開き、その冒頭で解散した。国民に選択を問う理由は「大義」と呼ばれる。

安倍政権での解散は、税率10％の延期を最初に決めた２０１４年11月に続く、2度目となる。首相がもう一度延期すると決めて、国民に「その信を問う」としたのは、２０１６年の参議院選挙だった。参議院は任期6年で、3年ごとに半数ずつが改選される。

2017年秋の解散の大義は、また消費税だった。いつものように経済指標の改善を挙げてアベノミクスを自賛した後、税率が10%になって増える税収の使い道を変えて、2兆円規模の新たな政策として幼児教育の無償化や高等教育の負担軽減に取り組む、と説明した。そのうえで「我が国の社会保障制度を、全世代型へと大きく転換します」と定義した。

少子高齢化という、ずっと言われてきた中長期の検討課題を「時間の猶予はない。待ったなしの改革」だとして、首相は「国難」と呼んだ。もう一つ、弾道ミサイルを発射して核実験を強行した北朝鮮がもたらす情勢も「国難」に並べた。そして、自ら「国難突破解散」と名付ける。「使い道の変更」が国会や自民党内で議論されたことは、ほとんどない。

そして過去2回、消費税を国政選挙とからめたときに使ったあの「大義」を、また繰り返した。

「代表なくして課税なし。税こそ民主主義であり、国民の生活に大きな影響を与える。税制において、これまで約束した使い道を見直すとの大きな決断をする以上、国民の皆さまにその信を問わなければならない。こう決心をいたしました」

消費税より新党の旋風

同じ日、東京都の小池百合子知事が会見を開き、希望の党の立ち上げを宣言した。政界にざわめきが広がる。3党合意を主導した民主党の流れをくむ民進党の前原誠司代表は、衆議院が解散された9月28日、同党の両院議員総会で「どうすればもう一度、政権交代を起こせるかを考え、皆さんに(希望の党からの立候補を)提案した。安倍政権を終わらせるため、もう一度2大政党にするためだ」とあいさつした。

税率10%への引き上げに、野党はそろって凍結や中止を主張した。各党の関心は消費税の使い道より、新党が政界に旋風を起こすかどうかにあった。前原代表の呼びかけもその一つだ。

ところが、公認候補選びをめぐり、民進党出身者のなかでも希望の党に受け入れないとする小池都知事の「排除いたします」の発言で、反発が広がる。枝野幸男氏らは、新たに立憲民主党を結成した。こうした野党勢力の分裂もあり、期間中の天気がほとんど雨だった選挙戦は、自民党の圧勝に終わる。与党は、すべての常任委員会で採決に加わらない委員長を独占しても委員の過半数を占める「絶対安定多数」(261議席)を上回った。希望の党は失速し、立憲民主党が野党第1党となる。

国会運営はますます、与党有利に進む態勢が固まる。

定着した目標先送り

解散を表明した会見で、安倍首相は「財政再建」にも触れている。

「2020年度のプライマリーバランスの黒字化目標の達成は、困難となります。しかし、安倍政権は財政再建の旗を降ろすことはありません」

プライマリーバランスとは、その年の政策にかかるお金や人件費などを、新しく借金しないでまかなえるかどうかを示す指標だ。

衆議院選挙が終わって翌2018年3月末、首相の下で経済運営の基本方針を議論する経済財政諮問会議で、財政再建の進捗が遅れていることが報告された。度重なる補正予算の編成で歳出がふくらんだこと、経済成長が想定を下回って税収が見込みより少なかったこと、消費税率10％への時期を延期したことなどから計10兆円余りも収支が悪化した、と分析した。

安倍政権の考え方は、歳出の削減や増税による歳入増を目指すより、経済の成長によって税収を増やして財政再建を進める、という道だ。しかし、潜在成長率を上回る高成長を頼りにした考え方で、限界は明らか。分析は「歳出改革は、これまで以上のペースと範囲で実施していくことが必要」と結論づけた。

6月5日、諮問会議は、プライマリーバランスの黒字化目標の先送りを議題の一つに取り上げた。新たな目標は、これまでより5年遅い2025年度。東京オリンピック・パラリンピックの後に景気が落ち込み、国がその下支えに使うお金を増やすことがあっても目標を達成できるように、との筋書きだ。

代々の政権は、経済成長率を高めに見込んで目標を立ててきた。達成できない見通しが強まると先延ばしを重ねてきたから、黒字化の目標先送りはいまや定着した。2021年1月に内閣府が発表した試算では、高めの成長率を前提にしても、黒字化は2029年度とある。

「絵に描いたもち」「形骸化している」との批判がつきまとうプライマリーバランスを議論したこのときの諮問会議で、民間議員の1人で、日本総合研究所の高橋進チェアマン・エメリタスが苦言を呈した。

「経済社会構造が大きく変化するなかで、歳入改革もひじょうに重要だと思う」として、全国市長会が創設を提言していた「協働地域社会税」を紹介し、前向きな検討を求めた。不便な地域に住む人たちの交通手段の確保や、高齢者や子どもたちの見守りなどにかかるお金を生み出す構想だが、取り上げられなかった。

「看板方式」と補正予算回し

東京・永田町で首相官邸の向かいにある内閣官房が入る建物に、筆文字で書かれた木の看板を掲げた部屋がいくつかある。

「まち・ひと・しごと」「働き方改革実現」「一億総活躍」「人生一〇〇年時代構想」「日本経済再生」

第2次安倍政権が次々に繰り出したスローガン、看板政策の数々だ。

3本の矢から始まったアベノミクスは、生産性を高めて経済成長率を上げることを目指した。企業の利益が増えれば従業員の賃金上昇につながり、家計も潤って消費が増える。大企業が先行し、中小企業や地方の企業にもその効果が、水が滴るように浸透する。「トリクルダウン」と呼ぶ、経済の好循環だ。首相は選挙の遊説などで「アベノミクスは失敗していないが、道半ば。この道をしっかりと力強く前に進んでいく」と訴えた。トリクルダウンが実現すれば税収も増えて、結果的に財政再建へとつながっていく、との発想だ。

毎年の「特に緊要」

打ち出す政策の看板がアベノミクスの舞台回しの一つとすれば、もう一つは毎年編成される補正予算だろう。

年度当初の予算をつくった後に起きた災害や事態の急変などに対応して、財政法は「特に緊要となった経費」などに限って認めている。リーマン・ショックや東日本大震災のようなとき、暮らしや経済を支えるために補正予算を組むことに、異論を唱える人はほとんどいない。

しかし、第2次安倍政権が始まった2012年12月以降、新型コロナウイルスの感染が広がる前の2019年度まで、景気が拡大局面にあっても、首相は災害対応や消費税の増税時の対策も含めて計11回、合わせて34兆円ほどの補正予算を組んだ。

津波や台風、地震など災害対応や防災対策関連をのぞくと、予算がついた経費には「一億総活躍」「生産性革命」「人づくり革命」といったアベノミクスの看板が並ぶ。「ものづくり・商業・サービス」への支援や保育の受け皿の整備などは複数年度にわたって、補正予算に入った。

外国人客が増えると見込んでのWi-Fiの整備、バリアフリーの推進、潜水艦など自衛隊の装備品の更新や購入も盛り込まれた。

国の予算は毎年、各省庁が当初予算に入れたい案件を財務省に要求し、査定を受ける。第2次安倍政権では年末に二つの予算案を続けて組み、翌年度の当初予算案に入らない分を前倒しで補正予算案に回すやり方が定着した。省庁の間では「補正回し」と呼んでいる。

当初予算の3分の1は、高齢化で増えていく医療や介護などの社会保障関連が占めている。子育てへの支援策にも手を打ちながら、注目が集まる当初予算では財政規律を守ったかのように見せて、補正回しを続ける。しかし「経済の好循環」は実現せず、3本目の矢だった成長戦略も成果が見えない。このことがまた次の看板を生み、新たな補正予算につながった。

安倍首相に近い内閣官房の幹部は「成長率が上がっていないのは事実。トリクルダウンもうまく回っていない、厳しい状況にある」と振り返った。

自己評価でも厳しい採点

こうした状況を、政府はどう評価しているのか。

内閣官房によると、2020年3月末時点で、安倍政権の成長戦略にある政策目標137項目のうち、予定通りに進んでいる政策は半数以下の63項目だ。女性の就業率の上昇や中小企業の輸出額などで、製造業の生産性向上をはじめとする残りの項目は計画通りの成果を上げていない。日本経済の潜在成長率は0・9%と低空飛行が続き、第2次安倍政権の発足直後とほとんど変わっていない。

民間有識者でつくる内閣府の懇談会「選択する未来2.0」（座長＝翁百合・日本総合研究所理事長）が同じ年の7月にまとめた中間報告も、生産性向上や地域活性化、少子化対策は「ジャンプ・スタートを実現できなかった」と酷評した。

「2020年度末にゼロにする」とした待機児童数は、2020年4月1日現在でも1万2千人を超えている。少子化対策は進まず、合計特殊出生率は第2次安倍政権が発足する前の水準へ戻った。オンラインの診療や教育、住居や車などを共同で使うシェアリングと呼ぶ新しい暮らしの形への規制改革は「不十分」とし、「働き方改革も道半ば」と手厳しかった。

検証に合わせ、多様な人材を支える「セーフティーネット」をどう整えるか、子や孫など将来世代に借金という負担を残さないために、必要な政策のお金をどう確保するのか、という論点も示した。

「社会的連帯や支え合いなどによる共助の環境整備」では、担い手となるNPOを支える仕組み、民間資金を社会的課題の解決に呼び込むソーシャル・インパクト・ボンドや寄付などの活用を促していくことにも触れた。「時間を要する課題も、5年以内に集中的に取り組む」「実行こそが重要で、データに基づいた根拠のある政策立案を進める」と実現に向けた具体的な対応を求めた。

首相はかつて「未来をひらくことができるのは、人々の耳目を引くようなパフォーマンスではありません。耳ざわりがいいスローガンでもありません。政策です、政策の実行です」と言い切ったことがある。

成長率が上がって税収も増える、との立場は最後まで変わらないまま、多くの看板が残った。

「アベノミクス」口にせず幕

自民党総裁選で3選を果たして1カ月、安倍首相は臨時閣議で1年後の消費税率10％への引き上げを改めて明言した。2018年10月15日、景気への悪影響を防ぐために「あらゆる施策を総動員し、経済に影響を及ぼさないよう全力で対応する」とも言った。政権は満6年近くになり、アベノミクスの「成果」の強調が、新たな景気指標が出るたびに繰り返される。

茂木敏充経済再生相が、景気の拡大期間が戦後最長に並んだ可能性が高いと明らかにしたのは、この年の暮れ。消費税率10％へ向けた経済対策の発表も合わせた会見のなかだった。戦後に最も長かった景気拡大は、6年1カ月間に達した2008年2月までの「いざなみ景気」だ。今回の拡大の始まりは、第2次安倍政権の発足と重なる。政府は景気の現状を「緩やかに回復している」との判断を維持した。

2019年に入り、消費税増税の3度目の延期の観測が政界や市場にくすぶる。景気の状況を示す4月の政府の判断は、消費や設備投資の表現が微妙に弱含みへ変わった。

「今後10年くらいは必要ない」

野党は夏の参議院選挙へ向けて、軒並み消費税10％の凍結や中止を訴えた。れいわ新選組は「消費税廃止」を掲げた。公示前日の7月3日、安倍首相の発言が別のざわめきを呼ぶ。

日本記者クラブでの党首討論会で、質問者が消費税率を未来永劫10％より上げなくていいと考える党首はいるか、と尋ねたときだ。野党の党首は手を挙げる。安倍首相はあわてたように「未来永劫、未来永劫っていうのは」と言って、口にした。

「今後10年くらいの間は上げる必要はない、と思っています」

再び問われて、やや気色ばんで答える。

「未来永劫というのは、いくら何でも私は無責任なことは言えませんから」

「（民主党政権のときの）野党時代に、消費税を10％に引き上げていく合意をしました。そのとき与党だった方が反対している状況は、たいへん残念です」

これに、民主党の流れをくむ立憲民主党の枝野幸男代表が反論する。

「我々の立場からは残念ながら、3党合意は順守されなかったと認識しています」

続く質問は、アベノミクスの第1の矢である「異次元緩和」は失敗だったのか。首相はすぐに否定して、いつものように雇用の数字の改善ぶりを強調することを忘れなかった。

「失敗ではありません。物価安定目標は目標ではあるのですが、これだけを達成するのではないのです。大切なことは何か、実体経済をよくすること、雇用です」

10月1日、消費税率は10％になり、軽減税率が始まった。コンビニなどで持ち帰ると言いながら、店内で食事をする「イートイン脱税」などの言葉も登場した。世界経済への影響で、「リーマン・ショック級」を超えて語られるコロナ禍が、世界に広がる直前だ。

「もしも半年後の2020年4月の増税だったら、当然、コロナ禍で3度目の延期をしていただろう」。のちに霞が関の省庁で、こんなささやきが聞かれた。

そして戦後最長の景気拡大は、幻だった。2020年7月に内閣府の有識者会議による正式な認定が出た。2018年10月までの5年11カ月間で終わっていた。

結果的に、消費税率を10％に上げる時期として最初に法律に書かれた2015年10月、次の2017年4月は、景気は拡大局面にあった。一方で、三度目の正直で実現した2019年10月は、後退局面にあった可能性がある。

在職最長4日後に辞意

首相の連続在職日数で、大叔父の佐藤栄作氏を抜いて最長記録を更新した4日後の2020年8月28日。安倍首相は会見を開き、突然、辞意を表明した。

「政治においては、最も重要なことは結果を出すことである。私は政権発足以来、そう申し上げ、この7年8カ月、結果を出すために全身全霊を傾けてまいりました」

続けて第1次政権のときと同じく、今回も体調の不良が理由にあることを明かした。冒頭の発言は、それまでのように用意された原稿を読み上げるのではなく、自分で選んだ表現で語りかけているように聞こえた。ときおり、次の言葉を探すように話を止める。「国民の皆さま」は8度、繰り返した。

「残された課題も残念ながら多々ありますが、同時に、さまざまな課題に挑戦するなかで達成できたこと、実現できたこともあります。すべては国政選挙のたびに力強い信任を与えてくださった、背中を押していただいた国民の皆さまのおかげであります。本当にありがとうございました」

そう言って、一礼した。

在任中の実績を問われると、「政治的な目標」と言い切っていた雇用の指標に、また触れた。

「20年続いたデフレに3本の矢で挑み、400万人を超える雇用をつくり出すことができました」

新型コロナの感染拡大前まで失業率は下がり、有効求人倍率は上がり、最低賃金の引き上げが進んだ。役員をのぞく雇用者数は、2019年の10月~12月期に過去最高となった。一方で、非正規社員は正社員の2倍近く増え、実質賃金の伸びはマイナスの年が多かった。

日経平均株価こそ政権発足時の2倍以上の水準になったが、2度の消費税率の引き上げとコロナ禍もあって、消費は盛り上がりを欠いたまま。財政健全化目標などの前提にした名目成長率3%を達成した年は、ほとんどなかった。

消費者物価の上昇率は、目標とした2%についに届かなかった。消費税の税率は、2度延期しながらも5%から10%へ引き上げたが、3本の矢の2本目にあった「機動的な財政政策」のもとで予算を積み増し、国の借金の残高は大きく増えた。

辞意表明の会見は質疑を含めておよそ1時間、流れるように言葉を繰り出してきた勢いは、ない。あれだけこだわった「アベノミクス」は、一度も口にしなかった。

第3章　「還元」を旗印に　コロナ禍の一律支援

「人々の連帯」に一律10万円

新型コロナウイルスの感染拡大で売り上げが一気に落ち込み、仕事が消えた人たちへの「公助」の最大の柱は当初、1世帯あたり30万円の給付金になるはずだった。

最初の緊急事態宣言が出た2020年4月7日、安倍晋三首相は、観光業や飲食店などの「厳しく収入が減少した人たちに直接給付がいくように、なるべくスピーディーにおこないたい」「経営を継続していただくための支援も、不安を持っている方々の生活の下支えもしっかりやる」と約束した。給付の時期も「5月にただちに」と力を込めた。総額は4兆円余り。およそ1300万世帯へ配る考えだったが、不満と批判を一気に浴びる。

理由の一つに、給付金を受ける条件のわかりにくさがあった。配る対象を「世帯主の収入が減って、年換算では住民税が非課税の水準になるか、収入が半減してこの水準の2倍以下まで落ち込む世帯」としたが、何度読んでもわかりにくい。共働きが増えた時代に世帯主だけの年収を基準にしたことも、実態とかけ離れていた。

首相官邸のホームページに載った「生活と雇用を守るための支援策」には「制度の詳細や申請方法などは、決まり次第お知らせします」とあるだけ。人々の疑問は解けない。

給付には本人の申告を必要とした。収入が毎月一定とは限らないフリーランスなどが、どんな書類を用意して減収を証明するのか、具体的な手続きや受付時期もわからない。問い合わせ先のコールセンターは、土日祝日は休み。支給の時期も、窓口となる市町村の準備状況によって違う。市区町村の担当者は、対象を見極める判断を任されることや、窓口に不満を言う人が押しかけた場合の対応に困惑した。

もっとわかりやすくしようと、対象の条件が多少は見直しになる。しかし、不満と批判は収まるどころか、ふくらむばかりだった。

「首相主導」の演出

「1300万世帯に30万円」は「インパクトのある金額として、首相が主導して決めた」と見せようと、首相側近と一部の官僚が演出した政策だ。

4月3日、安倍首相と面会した後、自民党の岸田文雄政務調査会長が首相官邸で突然、記者団に「一定の水準まで所得が減少した世帯に30万円を支給すべきだと申し上げ、総理と認識が一致した」と明らかにした。急ごしらえのうえ、制度の具体化を受け持つ総務省に直前まで知らせなかったことも、複雑な条件につながった。

政府も一度は、わかりやすい「全国民に一律」を検討した。与党の公明党の提言に「1人10万円」が入っていたからだ。立憲民主党や国民民主党などでつくる野党の統一会派も、緊急対策として求めた。

首相は「一律」を見送り、「30万円」とした理由を、次のように説明していた。リーマン・ショック後の2009年に1人1万2千円もしくは2万円を配ったとき、予算成立から多くの人に給付するまで3カ月もかかった。しかも、そのお金は貯蓄へ回り、景気の下支え効果はなかった。コロナ禍でも、国会議員も公務員も収入に影響を受けていない――。

それが急転直下、「国民全員に一律10万円」へと変わるのは4月14日の夕刻、自民党の二階俊博幹事長が記者たちに発したこの言葉からだった。

「一律10万円の現金給付を求める切実な声があります。すみやかに実行に移せるよう、自民党として責任を果たしてまいりたいと思う」

二階幹事長は「30万円」の案について、岸田政調会長から事前に相談がなかったことに不満を漏らしていた。記者たちとのやりとりでは「状況判断ですが、早ければ早いほどいいわけでありますから、成立後ただちにということも念頭にはあります」とも言った。

第1次補正予算案を組み替えてやろうという考えまでは、なかったようだ。財務省も与党からの一律への強い要望を受け、次に補正予算を組むときに考える方向で、水面下で動き始めた。

翌15日、提言で「1人10万円」を主張していた公明党の山口那津男代表が、首相に直談判する。終了後、山口代表は首相官邸のロビーで、「広範な深い影響が、社会、経済に及んでおります。その状況を踏まえ、国民にしっかりと連帯のメッセージを送るという趣旨で所得制限をつけないで1人10万円を給付する、これを総理に決断を促しました。積極的に受け止めていただいたものと、理解しております」と会談の内容を説明した。

その後も電話で首相と話した後、補正予算案は閣議決定を終えてまもないが、10万円を早く配るために組み替えを求めたことを明らかにした。

前代未聞の「やり直し」

そして16日、首相はついに方針を転換する。突然に襲ってきた感染症で、本当に困った状況に追い込まれている人を国はつかみ切れない。ならば所得の多少にかかわらず、国民全員に配るほうが早く届けられる。緊急事態宣言の対象地域は、感染者ゼロが続いていた岩手県を含む全都道府県に広げる。この決定をした感染症対策本部のあいさつで、首相はテレビカメラの前で、方針転換の理由に「国難」を持ち出した。

「今回の緊急事態宣言により、外出自粛をはじめ、さまざまな行動が制約されることとなる全国すべての国民の皆さまを対象に、一律1人あたり10万円の給付をおこなう方向で、与党において再度検討いただくことといたします。この国難とも言うべき事態を乗り越えるため、まさに日本全体が一丸となって取り組んでいくしかありません」

首相はかつて、少子高齢化や北朝鮮情勢を「国難」と呼んだ。今回は、世界を大きく揺さぶっているコロナ禍だ。

再び閣議にかけられた緊急経済対策には、「医療現場をはじめとして全国各地のあらゆる現場で取り組んでおられる方々への敬意と感謝の気持ちを持ち、人々が連帯して、一致団結し、見えざる敵との闘いという国難を克服しなければならない」と書き込まれた。

改めて記者会見を開いた首相は、宣言の対象地域を全国に広げるにあたって、「ウイルスとの闘いを乗り切るには、何より国民の皆さまとの一体感が大切」と説明した。「不安のなかにある国民みんなで連帯して乗り越えていく」と、ここでも「連帯」を口にする。そのうえで「ここに至ったプロセスにおいて、混乱を招いたことは私自身の責任」と釈明した。

給付金の性格が「たいへんな打撃を受けている皆さんに、手厚く支援」から、収入が減っていない人や所得の高い人も含めたすべての国民への協力金に変わった瞬間だ。「全国民」は1億2734万人。必要なお金の総額は、事務経費も含めて12兆8803億円。道路などの建設に使う国の公共事業費の2年分にあたる。

予算案の編成を受け持つ財務省の説明では、国の予算案で閣議決定して国会へ提出する段階になってから、柱となる政策を差し替えたことは、ほぼ例がない。前代未聞の閣議決定のやり直しだ。公明党は「5月下旬から6月初旬にお手元に届くスピード感」と自賛した。高市早苗総務相も、マイナンバーカードを使ったオンライン申請によって、「30万円よりはるかに早く、現金が行き渡る」と強調した。

受け取らないことは善か

首相は「国会議員も公務員も、この状況で収入に影響を受けていない」と言い切っていた。大臣や副大臣ら政務三役は、10万円の給付金を申請しないことを申し合わせる。公明党幹部も申請しない方針とし、自民党の国会議員も足並みをそろえた。

一方、国民民主党の玉木雄一郎代表は「受け取らないことを善とする風潮を、政治家がつくり出すのはナンセンス」として、10万円を受け取って日本骨髄バンクなどに寄付する、と発言した。

お笑いコンビ「ロンドンブーツ1号2号」の田村淳さんも、やはり辞退しないで寄付をする、とツイッターに書き込む。

「僕は遠慮なく受け取ります。医療事業者のために尽力しているしかるべき場所へ、寄付をしたい。大臣にあんなこと言われたら、遠慮してしまう人がいると思うけど」

田村さんが「あんなこと」と書いたのは、麻生太郎財務相の「富裕層の方々、こういった非常時に受け取らない人もいるんじゃないですかね」との発言を指しているのだろう。

田村さんのツイートには、さまざまな反響があった。

「10万円は、皆でがんばろうの旗印にしかならない！　どう使うかは勝手と思う」

「辞退せずに、いらない人は医療従事者、ホテル従業員へ寄付しましょう」

「寄付は自由。ただ、将来に税金が増えるのは困るから、高所得者は受け取らないでほしい」

大阪府の吉村洋文知事も賛同した。ふるさと納税を使った医療従事者向けの基金をつくるといって、寄付を呼びかけた。

「先がけ」のキャッシュレス還元

所得の少ない人だけでなく、所得の多い人も対象に国のお金を配る政策は、コロナ禍で初めて始まった仕組みではない。第2次安倍政権では、現金を使わないキャッシュレス決済を対象にしたポイント還元制度が、先がけだ。

消費税の税率が8%から10%に上がった2019年10月に始まった。翌年6月までの9カ月間、「CASHLESS」と書かれた赤いポスターやのぼりのある店、ネット通販も含む中小企業の店で使えた。クレジットカードやスマートフォン(スマホ)のQRコードなどで払うと、税込み価格の5%分のポイントがつく。コンビニなどのフランチャイズ店は2%分で、その場で値引きをした店もあった。

消費税の税率が5%から8%になった2014年4月の後に、増税前の駆け込み買いの反動が大きく出て、景気は冷え込んだ。これを内閣府や財務省は「賃金がさほど伸びず、年金額が減った時期とも重なり、所得の低い人や高齢者を中心に消費が低迷した」と分析した。

第2次安倍政権は「アベノミクス」と呼んだ経済政策を、支持率の支えの一つにしていた。それだけに税率を10%に上げるとき、前回と同じことを繰り返して消費が落ち込めば、政権の行方が揺さぶられかねない。

増税幅上回る5%分

2018年秋、これまでになかったキャッシュレス決済に対するポイント還元の率の検討は、増税幅と同じ2%分で進んでいた。そのなかで11月22日、首相は一気に5%分へ突き進む。

「2020年のオリンピック・パラリンピックまでの9カ月間、たとえば還元率5%で検討したいとの総理の言葉がありました」

自民党の岸田政調会長は、1年半後にコロナ禍で30万円の給付金をおこなうとしたときと同様に、首相官邸のロビーで記者たちに首相の方針を明らかにする。「デフレ脱却への一つの試練であり、思い切った対策をしっかりおこないたい」との首相の言葉も紹介した。

2%分の増税幅を上回って「還元」することに、菅義偉官房長官は「十分な還元率を確保し、駆け込み需要、反動減を抑制し、経済に変動を及ぼさないよう、万全を期していくことが重要だ。そういう思いのなかでの対応策だ」と説明した。

5％分なら増税分以上に得を感じられて、多くの人が使いそうだ。加盟店との手数料の引き下げ交渉に消極的だったクレジットカード会社なども、前向きな雰囲気に変わっていく。

買い物でのポイント分の費用は、国のお金から出る。消費税を増税しておきながら、実質的には減税に近い。そして恩恵は、クレジットカードなどキャッシュレスの方法を使いこなせる人や高額な買い物をたくさんする人ほど、制度を使えるお店が多い地域ほど大きくなる。上限はなく、使い放題だ。ほぼ現金派という第一生命経済研究所の熊野英生首席エコノミストに、政策の意味合いを聞いた。「恩恵に差がある制度。増税の痛み止めとしての実効性は、かなり割り引いてみるべきだ」との見解だった。

「不公平」の指摘も

「個人消費を支えると言いながら、企業が還元制度を使って備品を大量に買うのでは？」

「絵画のような高額品を買える人に、還元するのはいかがなものか」

「法律に基づく定義で還元対象の店とする中小企業を決めると、資本金が小さい家電量販大手なども対象になってしまう」

「不公平」に関する疑問や転売など不正への懸念は次々に出て、国会でも指摘された。しかし、制度設計に大きな変更はなく、予定通りに始まる。参加登録した店は、全国で115万店。経済産業省の担当者は、登録が可能な200万店の半数を超えたと満足そうだった。国のお金で還元された金額は5090億円で、6割以上がクレジットカードで払った。

5090億円とはどれほどのお金なのか。東京オリンピック・パラリンピックのメーンスタジアムとなる新国立競技場の総工費は、予定より大幅にふくらんで2520億円だった。計画はのちに見直されたが、この豪華なスタジアムを二つ、つくれる金額になる。

それでも、大きな批判は起きなかった。増税対策としての消費の下支え策だけでなく、世界でも遅れているキャッシュレスの推進、そして中小企業の支援という三つの目的が重なっていたからかもしれない。

ポイント還元は、予定した9カ月間で終わった。経産省は登録店への調査結果を「約46%の店に売り上げ増の効果があった」「約44%は顧客獲得に効果があった」などとまとめた。むしろ、それぞれの問いに「効果がなかった」の答えを選んだ店は「54%」と「56%」で、半数を超えていた。制度の終了とともに、キャッシュレスの扱いをやめた店もある。カード決済では、カード会社に代金の数%の手数料を払う必要があるうえ、手元にお金が入ってくるのは1カ月近く後。仕入れのお金が回らないからだ、という。

「もらえちゃう」マイナポイント

「上限5000円分もらえちゃう！」

政府が宣伝した「マイナポイント」は、コロナ禍の最中の2020年9月に始まった。マイナンバーカードを持っている人が登録をすると、国のお金からポイントをもらえる。専用サイトでIDを発行してもらい、電子マネーやスマホのアプリなどから決済する方法を一つ選ぶ。2万円までの買い物額やチャージ額に25％分のポイントがつく。1人最大5千円分で、4人家族なら2万円分まで手に入る。

さまざまな消費税増税への対策が取りざたされた、2018年秋。公明党は、住民税が非課税となる低所得の世帯や0～2歳の子どもがいる世帯にプレミアム付き商品券を配ることを主張した。キャッシュレス決済のポイント還元は、首相官邸が主導した。両者に出遅れた形となった自民党が、この二つに対抗するかのように推した政策が、マイナンバーカードを使ったポイント還元案だった。

11月20日の自民党の提言は、三つの「消費税対策」の趣旨を次のような形で整理した。

・プレミアム付き商品券は、食品などの税率を8％のままにしておく軽減税率と同じで、低所得者への対策になる

・キャッシュレス還元は、「駆け込み需要と反動減」「中小・小規模店の売り上げ減」に対応する

・マイナンバーカードのポイント還元は、増税から1年後、東京オリンピック・パラリンピックが終わった後に、消費の冷え込みを防ぐ「負の所得効果対策（消費活性化策）」としておこなう

負の所得効果とは何か。担当した自民党議員は「増税によって支払いが増えれば所得は減り、消費は落ち込む。これが負の所得で、誰にでも一律に起こる。だから所得制限をかけることなく、幅広く配慮をした」と解説した。

提言を読み進めると、増税の意味が薄れてしまわないように「厳にばらまきを慎む」とも書いてある。しかし、政策全体の調和や優先順位を考えるより、党の立場や政治家の存在感をそ

れぞれがアピールし、あれこれ詰め込んだ印象が強い。

カード申請の背中押す

そのマイナンバーカードの普及率は、２０１８年12月１日時点で12・２％、１５６４万枚だった。当初は、地域の商店街などで買い物に使えるマイナンバーカード独自の「自治体ポイント」を考えていたが、キャッシュレス決済を広げるという目的を加えて、民間の電子マネーなどと連携したサービスに変えた。

マイナンバーカードは、国民全員への10万円の給付金の申請をオンラインで早くできるとなって、多くの人が改めて意識したようだ。ただ、マイナンバーとマイナンバーカードは違う。

マイナンバーは国民１人ずつに割り振った12桁の番号で、２０１６年１月から本格運用が始まった。市区町村の多くが、さまざまなサービスと番号を結びつけている。税金や年金などの証明書を出さなくても、児童手当や傷病手当金の申請、保育所の手続きなどができる。

マイナンバーカードは、本人の顔写真とＩＣチップが付いた電子証明書で、運転免許証のように本人確認にも使える。しかし、日々の暮らしのなかで便利さを実感する場面は少なく、カードもポイントも知名度は低かった。

政府のCMでは、PRキャラクター「マイナちゃん」の着ぐるみを着た俳優の舘ひろしさんが登場した。都内であったCM発表会で、舘さんは「マイナポイント、まったく知りませんでした。勉強しました」「着ぐるみは恥ずかしいが、お国の仕事だから誇りを持ってやるように、と渡(哲也さん)に言われました」と話した。マイナポイントで買うものはと尋ねられると「イチゴアイスです」と笑いも誘った。

政府は、最終的に5千万人がマイナポイントの登録をすることを想定し、ポイントが付く期間を予定より半年延ばして、計2500億円に予算を積み増した。さらなてこ入れへ、2021年春からは俳優の堺雅人さんのCM「そうだったのか!マイナンバーカード。」も始めた。堺さんが「国」に電話をかけて、健康保険証とつながることのメリットやセキュリティー対策について、疑問を解いていく構成だ。

2021年6月1日現在、カードの普及率は31・8%、4043万枚になった。2年6カ月でおよそ2・6倍に増えた。マイナポイントが申請を促した形だ。政府は2023年3月末に、100%近くにすることを目指している。

「一律」がもたらしたもの

キャッシュレス決済の5％還元とマイナポイントの二つは、消費税の増税という「臨時・特別」のできごとに対応した。10万円の給付金とＧｏＴｏキャンペーンの二つは、コロナ禍の緊急事態が理由にあった。いずれもお金に余裕のある人にも国のお金が渡る仕組みといえる。

国の政策に必要なお金は、個人や企業が払う税金でまかなうのが基本だ。税金には、所得や資産が多い人たちにより多くを負担してもらい、その一部で困っている人を助ける「所得の再分配」の機能がある。四つの政策をこの観点から見ると、再分配の機能とは相いれない。もう一つの社会的な課題である「格差の是正」からも、離れる。

もちろん、消費税の増税後に落ち込みそうな消費を促し、コロナ禍で客足が遠のいた観光業や飲食店などを支えて経済を回すには、余裕のある人たちがたくさんお金を使うことも必要で、その効果をねらった。

世界各国も給付金

新型コロナの感染が広がった2020〜21年、世界各国は暮らしに打撃を受けた国民と、どう向き合ったのか。

お隣の韓国では、2020年4月の国会議員選挙の公約で、与野党ともに「全国民への給付金」を掲げた。政府は当初、対象世帯を所得の低いほうから70％までとしたが、選挙後に全世帯に変えた。金額は世帯の人数で決まり、1世帯あたり最大で100万ウォン（約9万円）。5月中旬に支給を始め、多くの人がクレジットカードなどのポイントの形で受け取った。カード会社のホームページなどで申し込み、早ければ申請とほぼ同時だったという。

香港は、2020年度に18歳以上の永住権を持つ住民を対象に、1人あたり1万香港ドル（約14万2千円）の給付金を配った。林鄭月娥《キャリー・ラム》行政長官は「未曽有の難関に直面するなか、市民に直接、『がんばれ』を贈りたい」と語った。2021年度は、1人あたり5千香港ドルの電子マネーを配る。アジア屈指の経済都市で、日本と異なり財政黒字。貯金にあたる財政備蓄金を取り崩して充てた。

米国の給付金は、2020年3月、12月と、翌2021年3月の3度に及んだ。トランプ政権は1人1200ドル（約13万円）と600ドル（約7万円）、3度目はバイデン政権で1400ドル（約15万円）。いずれも所得制限があり、基準の年収より多くなると減額になる。3度目は、年収8万ドル（約870万円）以上は対象外だった。社会保障番号のもと一元管理されている納税情報が使われたので、番号を持っている人は申請しなくても銀行口座に振り込まれた。英国では生活保護の給付金を増額した以外、一律の給付金は配っていない。むしろ一時帰休になった労働者や事業者への支援に、手厚く対応した。

危機には「財政の自由」が必要

国の予算が税金で足りないとき、政府は国債を発行して補う。つまり、借金に頼る。日本の場合、2020年度はコロナ禍に組んだ三つの補正予算も加わって、新たに発行した国債は最終的に108兆5539億円に達した。それまでの国の年間予算の規模100兆円を、大きく上回る。

世界の国々も日本と同じく巨額の国債発行に頼り、中央銀行が買い入れた。日本と異なるのはコロナ禍に翻弄されるなかでも、欧米各国の政権は、借金頼みの状況を少しでも改善させようとの意識が言動に表れていることだ。

ドイツは7年ぶりの国債発行にあたり、2023年以降の20年間で返済する計画を、同時に決めた。第1次世界大戦に敗れた後、巨額の賠償のための国債発行が超インフレを招いた。それがナチスの台頭につながったとの反省から、憲法で財政規律を厳しく定めている。

英国では、法人税率を2023年から引き上げる予算案を決めた。増収分はコロナ禍でふくらんだ借金の返済に充てるためで、実現すれば1974年以来、半世紀ぶりの法人税増税になる。リシ・スナック財務相は2021年3月の議会での演説で訴えた。

「未来の借り入れと負債の行方を考えないことは、支援の早すぎる終了と同じように無責任だ。危機が来れば、行動しなければいけない。そのためには『財政の自由』が必要になる。その自由は、健全で強固な財政があってこそ得られる」

「債務問題を未来の誰かの問題として放置すれば、責任ある財務相とは言えない」

米国のバイデン政権は、2021年3月と4月に、計4兆ドル（約435兆円）規模のインフラ投資案と追加の経済対策案を打ち出した。1400ドルの給付金のほか、所得の低い家庭への給付金、児童教育や地域大学の無償化などを盛り込み、公助を拡充していく「大きな政府」を意識する。もとになるお金は富裕層への所得税などの増税でまかなう案で、格差の是正もねらった。

突き抜けた予備費

コロナ禍の最初の緊急事態宣言のとき、給付金とともに国のお金の使い方で焦点が当たったのは、予備費だった。

大型連休が明け、宣言が延長された2020年5月7日。自民党は衆議院議員会館で、200人ほどの議員や官僚らがびっしり集まった4時間以上の会議を開いた。ほとんど人の姿がない街中と対照的な、「密」の光景だ。国民全員に10万円を配ることは決まったが、政治家の間では「まだ不十分」との声が消えない。営業時間の短縮や休業を余儀なくされる店や医療従事者への支援を中心に、2度目の経済対策の議論が始まった。

続く5月下旬の会議では、移動の自粛で選挙区になかなか帰れない議員たちが、東京の活動ぶりをツイッターなどで「報告」しようと、発言する姿を互いのスマホで撮影し合っていた。

「予備費は50兆円を！」

口々に声を上げる。最前列に座る党幹部は誰も止めない。予備費とは、具体的な使い道を決

予備費はコロナ禍で急伸

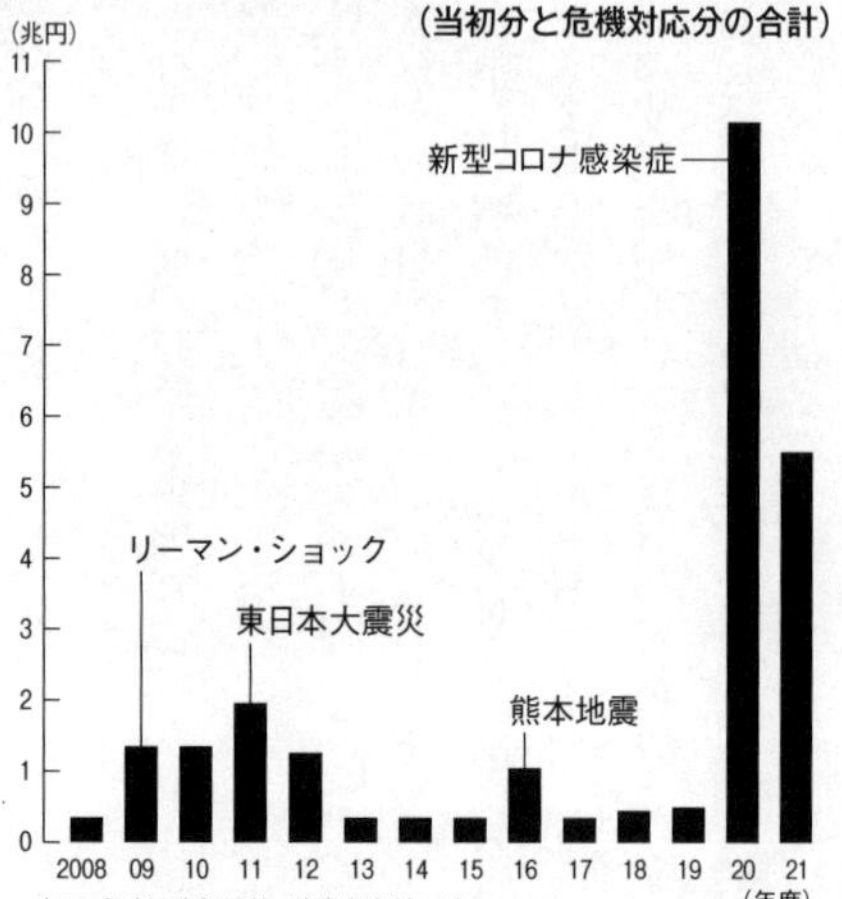

(2021年度は当初予算。財務省資料から)

めずに用意しておくお金だ。予算案に含めて国会で可決しておけば、政府が自由に使える。その予備費を増やそうという理由を、議員らは「国会で審議していたら、使えるようになるまでに時間がかかってしまう」と言った。「50兆円」がひたすら繰り返される状況を、出席した関係者は「まるで学級崩壊のようだ」と表現した。

結局、5月末に決まった2020年度の第2次補正予算案の新型コロナ対応の予備費は、10兆円になった。1次補正予算の1兆5千億円と合わせると、11兆5千億円。その後に減額されたものの、10兆円の規模は維持された。2021年度も5兆円が用意された。

過去の危機対応の予備費は、どのくらいだ

ったのか。リーマン・ショック後の2009年度は経済危機への備えとして1兆円、2011年度は東日本大震災後の復旧・復興に充てる目的で8千億円、2016年度の熊本地震は7千億円だった。コロナ禍では、これらをはるかに上回って、突き抜けた。

「見せ金」ならいくら積んでも

予備費は例年、地震や台風、豪雨など予期しないことが起きてもすぐに手を打てるように、年度の当初予算に3500億円を用意してきた。災害が相次いだ2018年度は途中で増やし、2019年度から当初予算で5千億円になった。新型コロナへの初期の対応でも、このなかから学校の臨時休校への対応や企業の資金繰り支援などに使った。

不測の事態が大規模で、もっと大きなお金を充てる必要が出れば、年度の途中に補正予算案を組む。国民の代表でつくる国会の議決によって、必要なお金を確保する。これが、憲法第83条に基づく「財政民主主義」の手順だ。予備費は憲法第87条に「内閣の責任で支出できる」とあり、緊急時の例外的な対応として認めている。

ところが、このときの10兆円の予備費は新型コロナ対策だとしても、規模の理由がいま一つはっきりしない。安倍首相は「長期戦を見据え、臨機応変な対応ができる」と説明して、誇ったのはまたもやお金の規模だった。

「先の補正予算と合わせ、財政支出は120兆円、事業規模は230兆円を超えるものとなります。GDPの4割にのぼる世界最大の対策によって、この100年に一度の危機から日本経済を守り抜いてまいります」

菅官房長官は「多くつけるべきだと、与野党から強く要請があった」と言うだけで、他人事のような口ぶりだ。

予備費は、使わなければ次の予算の原資に回せる。支持率を意識した政権が、人気取りの政策に使ってしまうこともできる。首相官邸の周辺からは「コロナ対策の規模を誇るのであって、いわば見せ金。いくら積んでも問題ない」との声まで上がった。

当時、安倍政権は東京高検検事長の定年延長問題をはじめ、閣僚らの不手際や失言などで、国会で野党から追及を受け続けていた。新たに新型コロナ対策が必要になっても、予備費があれば改めて補正予算を組む必要はなく、国会審議をやらずに済み、野党の追及をかわせる——。こんな政治判断も、予備費を2桁の大台に乗せた背景にあったのかもしれない。

「桁違い」に自戒の念

国に貯蓄はないから、後になって国民や企業が納めてくれる税金をあてに、先に借金をして「備えのお金」をつくる。国民の税金をどう使うかを決める過程を、国民の代表である国会議員の多数派が、予備費にすることで省こうとする。

連立政権を組む公明党も、10兆円の決定に驚きを隠さなかった。石田《いしだ》祝稔《のりとし》政調会長は「国民の目から見てどうかという使われ方をすれば、すぐ政府に対する批判となって表れる。政府が自由勝手気ままに使えるお金ではない」と、自戒の念をにじませた。自民党の石原《いしはら》伸晃《のぶてる》衆議院議員は「見たこともないお金をこんな簡単な言葉で言ってはいけないし、戒めていかなくてはならない」と苦言を呈したが、党内の主流の意見にはならなかった。

野党では、立憲民主党の枝野幸男代表が「ちょっと、桁が違いすぎる」と批判した。国民民主党の玉木代表も「せめて医療系とか家計支援系とか事業継続系とか、大きな方向くらい見せないと。カネの塊を10兆円も積んで国会を通してくれと言うのは、財政民主主義の観点からどうなのか」と疑問をぶつけた。

のちにおおまかな使い道は示された。別の野党議員は「予備費はまるで政権の『持続化給付金』のようだ。与野党ともに単なる分配を繰り返す主張だけなら、政治の機能は要らなくなる」と指摘した。

消えた「5万円還元」の公約

新型コロナ対策の柱として、「5万円還元」の市長選の公約が愛知県岡崎市で注目されたのは、2020年10月のことだ。

告示まで1週間を切ったころ、「5万円還元」のビラが、各世帯の郵便受けに投げ込まれた。岡崎市は、トヨタをはじめ自動車関連の製造業が市内近郊に数多くある。住民の所得水準は全国平均を上回り、総じて裕福な自治体だ。

新人で元衆議院議員の中根康浩候補が、「とにかく全市民お一人に5万円お戻しします」を公約に掲げる。選挙カーやのぼり旗には「一人5万円」の大きな文字。計画が進むコンベンションホールの建設を見送って浮かせる80億円を念頭に、「この税金を有効に使い、年末年始に向けて5万円をお返ししたい」と主張した。期日前投票で「5万円をくれるのはどっちの人?」と投票所で尋ねた人がいた、との話はあちこちから聞こえてきた。

3選を目指した内田康宏候補は、与野党や業界団体などが応援した。選挙戦は盤石と見られていたが、3万票余りの差で敗れる。のちに内田氏は「5万円の公約は大衆には魅力的でわかりやすく、効果があった。中根さんは本当に上手に、投票行動になだれを起こした」と敗因を振り返った。

「ケーキやシャンパン代に」

新市長は初登庁した10月21日、現金給付と年内実施へのこだわりを語った。

「独りよがりの付け焼き刃の選挙向け公約では、ありません。もともと市民のものである税金を5万円ずつお返しし、年の瀬の不安を解消して、正月を穏やかに過ごしていただきたい。クリスマスは家庭だんらんのひとときですので、ケーキを買って、シャンパンでも飲んで。孫にお年玉も用意できるでしょう」

コロナ禍という緊急時の生活支援だから、38万人の市民全員を対象にする。でも5万円を配るには、195億円の財源が必要だ。一方、コンベンションホールの80億円は、現金として手元にあるわけではない。そこで、市が貯金している財政調整基金の81億円すべてを取り崩し、公園や文化施設の整備などにあてる五つの基金を廃止する案を、市議会に提出した。基金には、保育園や小中学校など、市の建物の維持管理を目的としたものもある。

国が全額を借金でまかなった10万円の給付金は、誰から出たものかよくわからなくても、新市長が言う5万円の出どころは、学校など自分たちの暮らしと結びつく身近なお金だ。5人の子の父親でもある杉浦久直市議(44)が11月の市議会で、市の財政を家計にたとえて、新市長にただした。

「市長さんはケーキやシャンパンを買って元気になろう、景気を回復させよう、と言う。しかし、自分の住む家の老朽化や修理のための積み立て、子どもの将来に向けた貯金、日ごろ使うお金、すべてを取り崩して全員にお配りする。緊急事態と言って基金を取り崩すことは、はたして適正ですか。財源のあり方も含めて、民意を得ているとお考えですか」

市の職員も、基金の取り崩しは大規模な災害への対応や施設の保全工事が難しくなり、使用禁止や休館などが増えて「市民サービスの低下は避けられない」と答弁した。

定数37人の市議会は、「市民サービスに与える悪影響が大きい」「未来の岡崎市民、いまの子どもたちに大きな負担を強いる」などの理由で、新市長の案を反対多数で否決する。賛成は共産党の2人だけ。市民の代表が集まる議会が否決したことに、中根市長は「独裁者ではないから、やらないのではなく、やれないいんです」と語気を強めた。

未来まで考えるかの選択

市民の目には、どう映ったのか。

街で聞くと、2歳の娘がいる20代の女性は「政治はよくわからない。でも、5万円をもらえるならばと、印象で票を入れました」と話した。63歳の男性は「だまされた感が、めちゃくちゃある。2万円でいい、できなかったのか」と怒りをみせた。タクシーの男性運転手は「お客さんは5万円の話で持ちきりでしたね。1世帯で5万円とか、市議会も対案を出してほしかった」と言った。

コロナ禍への対応を掲げて市民全員が受け取るなら、後ろめたさを感じないで済む。国からは10万円をもらったし、岡崎市からも5万円をもらえそう。元国会議員の公約を、素直に受け止めた人は少なくなかったのだろう。

市長選の投票率は、前回より上がった。5万円がほしくて投票に行ったとは思わないが、46歳の女性は「市民の民度が低いと言われると、ちょっと」と恥ずかしそうだった。「公約を守らないウソつき市長」との言葉も聞いた。

市長の提案に反対した「現役世代」の市議たちに、思いを尋ねた。

小田高之市議（36）は「現在を優先するか、未来まで考えるかの選択でした。現職優位と言われていた市長選で、市民がこれまでの行政の何かに不満を持っていたことの表れだったのでは」と、とらえた。

市長選と同じ日にあった市議選で初当選した三塩菜摘市議（27）は議会で議論を交わした11月、「市民の声を届ける方法がない」と気づいて、ツイッターで広く意見を求めた。関心は高く、1日100件ほどの声が集まったが、5万円の給付案が否決された後は数件になったという。「これまでの行政サービスには限界や失敗があり、形だけのものもあります。興味ある傍観者は多いですが、ここから何を学ぶのか。未来を担う自分たちの世代で、改善するしくみや行動へとつなげていきたい」と振り返った。

岡崎市長選から3週間後、電車に乗れば20分ほどの愛知県豊橋市の市長選でも一時、「5万円公約」が浮上した。

立候補したシングルマザーの鈴木美穂さん（46）は、知り合いに「これで当選できたら、すごいですよ」と勧められて、公約にした。メディアに連日取り上げられ、4日後に取り下げた。のちに「一方通行の政治を変えたいと思って、日本一の健康都市などを掲げて選挙に出たのですが。『5万円以外の政策はいらない』と言われているように思った」と話していた。

「全員一律」の根拠

岡崎市長選の1カ月後、人口6万3千人の兵庫県丹波市でも、構図がそっくりの市長選があった。

「とにかくコロナ対策　全市民に一人あたり5万円還元！」

「百億円もかかる新庁舎は要らない！」

この公約を告示日に表明した林時彦・元市議会議長が、優勢とされた現職を破って初当選した。市庁舎という「ハコモノ」の建設を見直して給付金の財源をつくるという点も、公約に対する「市民の買収」「禁じ手」との批判も似ていた。

岡崎市の「5万円公約」は早々と議会に否決されたが、丹波市の新市長は強気だった。2020年12月半ば、市議会での所信表明の前日に訪ねると、公約は選挙に勝つために「庁舎問題というはっきりした対立軸を、ぎりぎりに打ち出す戦略だった」と明かした。買収ではないかとの批判には、言葉を選びながら反論した。

「市民全員への給付金は議長のときに提言していたので、批判にはびっくりしました。政策や公約とは、有権者の共感を得るもの。5万円は、いちばん早く市民に行き届く政策です。もし買収のような気持ちがあれば、水道料を無料にするほうが、もっと市民の心に響いたでしょう。5万円ばかり取り上げられるのは、本意ではありません」

ただ、初めて臨んだ市議会での所信表明では「市民に寄り添う対策を、できるだけ早く届けたい」と言うだけにとどめ、「5万円」には言及しなかった。

年が明け、代わりに「つかエール・ささエール」と名付けた1人2万円の地域商品券の配布を、市議会に提案する。今度は「すべての市民に寄り添い、総がかりで地域経済の活力の下支えを図り、使える、支える、応援するとの願いを込めた」と説明した。

2万円の商品券には、事務経費を含めて13億3千万円が必要になる。選挙中の公約と異なり、国の臨時交付金と庁舎建設基金の積み立ての見直しなどから捻出する、と説明した。

「市民を真ん中に」

提案から1週間、20人の市議たちの議論は、終始かみ合わなかった。

賛成派は、年度内に実現できなければ臨時交付金は国へ返す必要があり、市民に説明がたたない、と主張した。反対派は、災害など危機への対応を優先するべきだとして、お金の使い方に疑問をぶつけた。特に商品券の「全員一律」の配布案には「根拠がない」「地域の実情に応じて、きめ細かに必要とされる市民へ交付すべきだ」と、詰め寄った。

これに対し、林市長が根拠に挙げたのが、国が「連帯」を掲げて配った10万円の給付金だった。引き合いに出して、「国は最初、困窮しているところだけに30万円と考えたが、一律10万円で話がすとんと落ち着き、国民もいちばん納得した。私自身はベストと考えて提案した」と解説した。

採決の直前、賛否の立場からそれぞれ5人が討論に立つ。

反対した小橋昭彦市議は、事業の優先順位や費用対効果の観点から疑問を投げかけた。商品券はやめて財政のゆとりを確保する必要がある、と主張した。5万円の公約には「多くの市民から選挙目的との批判が出ていることは、市長もご存じと思います」と付け加えた。

賛成した大西ひろ美市議は、「5万円」には大反対だったとしたうえで、「否決されて、必要とする人への支援が遅れることだけは避けたい。タイムリミットの提案と考え、ベストではないがベターとの考えに至り、賛成いたします」「市民を真ん中において、合意形成をはかる必要性を感じます」と強調した。

「賛成9票、反対9票、従って可否同数であります」

市議会の採決は、定数20のうち1人が欠席し、賛否が9人ずつだった後、19人目の議長の判断で否決された。反対したのは、市長選で敗れた前職を推した自民・公明系の議員たち。市議の1人は「選挙の遺恨を引きずった、弔い合戦のようだった」と振り返った。

市議会では、「5万円公約」と「商品券2万円」以外に、深まった議論は聞けずに終わった。住民に感想を尋ねた。近隣の市町村より高いごみ袋の値下げ、病院までのタクシー代の支給、子育て世帯への支援などにお金を回してほしいという要望が、いくつもあった。

コロナ禍で次々に

市区町村による一律の給付金の交付や地域商品券の配布は、全国では珍しくない。

東京都品川区は、財政調整基金から135億5千万円を使い、1人3万円、中学生以下は5万円の「しながわ活力応援給付金」を約40万人の全区民に配った。一律給付に批判もあったが、濱野健区長は「区民や中小企業の方から、精神的、経済的に厳しいとの話はたびたび聞いていた。疲弊が高まっているすべての区民の生活を下支えする必要があると考え、対象者を限定しなかった」と説明する。

丹波市の隣の丹波篠山市は、1人2千円、18歳以下は5千円の「お年玉クーポン券」を申し込み不要で4万人の市民に送った。1億円の費用は、国の臨時交付金を充てた。

人口約11万人の香川県丸亀市では、2021年4月の市長選で「全市民に10万円支給」を打ち出した新顔が、現職を917票差で破った。松永恭二新市長は市議会に半額の5万円にした支給案を提案したものの、「経済効果は限定的」などの指摘を受けた。6月21日、市議会は支給額を3万円に減額修正した補正予算案を可決した。本会議での反対討論では、「次の衆議院選挙で10万円、13万円、15万円というように、(現金給付を) 公約に掲げる新政党が勝つようなことがあれば、日本の民主主義は危うい」「一律支給は必ずしも平等ではなく、情緒的」といった批判も出た。

「一律」「還元」を突きつけられたそれぞれの市議会は、暮らしに近いお金の使い道、必要性や優先度を真剣に考えていた。

市民に寄り添った欠かせない政策か、ポピュリズムによるばらまきか。すべての人に届いた支援があった一方で、真に「公助」を求める人に届かなかった支援も、あるはずだ。

公約とは、何ですか

公約とは、やるべきと思う政策を選挙などで示し、実行を約束することだ。「5万円還元」を実現できなかった2人の市長に、公約の重みを聞いた。

やりたくてもできない　愛知県岡崎市・中根康浩市長

――「市民全員に一律5万円」の公約には、人々の多様な思いをくみ取るという、自治体が持つ本来の使命を果たせなくなる副作用がありませんか。

中根　一つの重要な公約が実現できなかったことで、不信感を抱く方がいるのは確かなこと。そう思う方がいるのも、無理はないと思います。

――市長にとって、公約とは？

中根　できる限り実現していかなければいけないもの。その責任が、選挙をやる者にはあります。でも、民主主義の手続きによって、やりたくてもできない。手続きに従って結論が出されたことには、従う。尊重しないといけません。
――5万円給付をやりたかった気持ちに、変わりありませんか。
中根　市議会の皆さまが財源が不適切というなかで否決したので、その判断を尊重しなければならない、ということです。

（2020年12月16日、2021年1月25日の記者会見で）

線引きは理想論　兵庫県丹波市・林時彦市長

――5万円給付の公約に「禁じ手」との指摘も出ました。なぜ打ち出したのですか。
林　禁じ手とは、思ってもいませんでした。公約とは、任期の間に実現へ向けて努力するもの。実現できると思ったから、言いました。市民全員にコロナ禍に耐えていただくためにも、市民に寄り添う最善の政策です。市の貯金、国の交付金を計算して、5万円でいけると考えました。自分は「現金」という言葉は、一度も使わなかったのですが。
――市長の案は一律2万円の商品券に変わりました。「一律」にはなお批判がありました。
林　5万円を2万円にしたのは、反対意見もありましたので、国の交付金を充てて、市の予算をできるだけ使わないようにするためです。市議会では、水道の基本料金の減免をもっと拡充すべきだとの主張もありましたが、商品券の一律への批判とむしろ矛盾していました。給料の減っていない公務員にまで配ったら不公平だという声にも耳を傾け、受け取るかどうかはその人が選べる案にしました。困っている人に手厚くしようと線引きするのは、理想論です。基準をつくっても、いろいろ異論が出ます。

——これから、どう「市民に寄り添う」のですか。

林 いったん否決された以上、同じ流れは難しくなりました。市議会でも意見があった子育て世帯への給付金などを今度、提案するつもりです。

（2021年1月28日の取材で）

第4章　時代にみる税

少子高齢化と予算の変化

１９９０年代、日本の人口はまだ増えていた。２０１０年ごろから減り始め、人口に占める65歳以上の高齢者は１９９５年の7人に1人から、２０２０年は3・5人に1人になった。２０２５年には、終戦後の１９４７～49年に毎年２６０万人が生まれた「団塊の世代」と呼ばれる全員が、75歳以上の後期高齢者になる。

元気に過ごせる「健康寿命」と実際の寿命との間には、どうしても差がある。年をとれば医療や介護に頼る人は多くなり、1人暮らしも増える。「２０２５年問題」は、この介護・年金・医療の社会保障費が、一気に増える懸念のことだ。

さらに15年後の２０４０年にはその子どもたち、１９７１～74年に毎年２００万人が生まれた「団塊ジュニア世代」が65歳以上の高齢者になる。一方で生まれる子どもの数（出生数）は減り続け、２０１９年と２０２０年は年5万人ずつ減って、ともに90万人を下回った。少子化は、社会を支える働き手がいずれ減ることを意味する。

2020年の出生数は最少

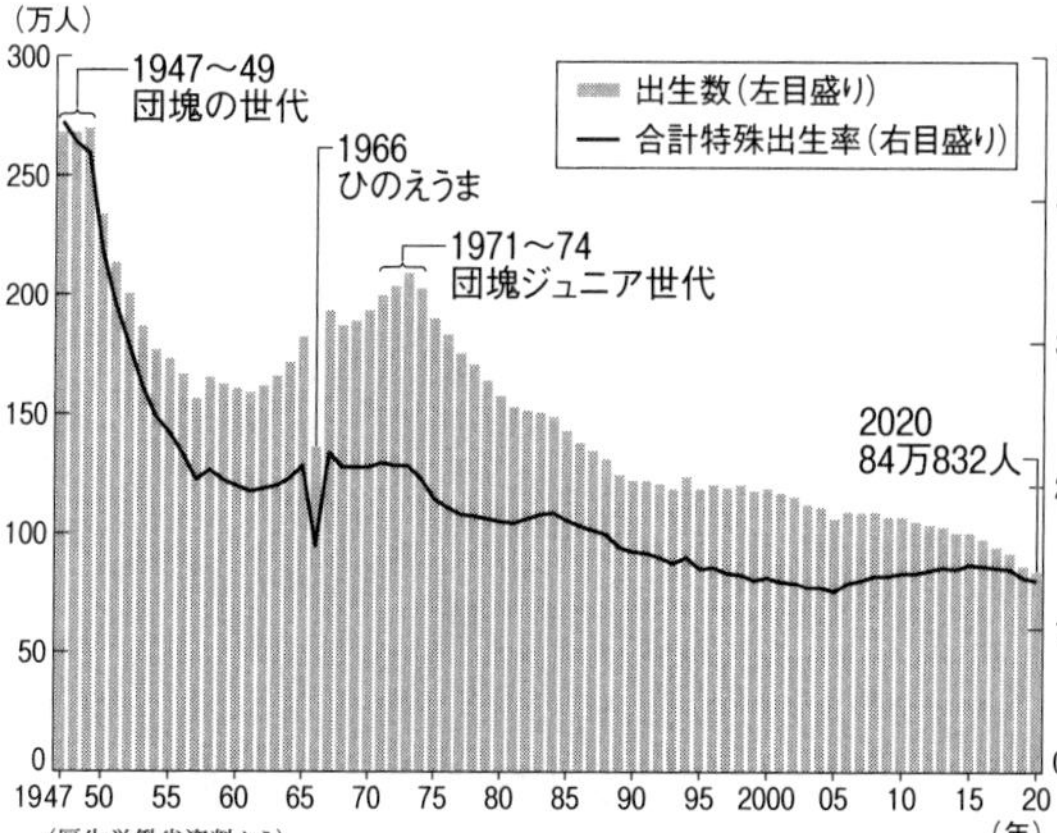

(厚生労働省資料から)

2000年に始まった介護保険制度、2008年からの後期高齢者医療制度は、高齢者が大きく増えたときも社会全体で人々の暮らしや命を支え続けられるように、と始まった。年金も含めて、本人も保険料や自己負担分を払うが、それだけでは足りない。

高齢者の医療や介護、年金の半分は、国や地方自治体のお金から出ている。社会保障給付費の全体でみると、この公費負担は1990年からの30年近くで、およそ3倍の約50兆円になった。定年を延ばして働く年月を増やしたり、年金制度を見直したりしても、増加は大きく抑え切れていない。

予算の3分の1は社会保障費

少子高齢化という人口構造の変化は、国の予算の姿にも影響を与える。

バブル経済が頂点にあった1990年度の当初予算は、総額が66兆2千億円だった。社会保障費は、この17・5％にあたる11兆6千億円。税収は60兆円で、収支のバランスはそう崩れていなかった。

2021年度は過去最大の当初予算106兆6千億円のうち、33・6％の35兆8千億円までを社会保障費が占めた。税収は60兆円に届かない見通しのため、赤字国債を37兆3千億円も発行する。もともと借金に大きく寄りかかっているところへ、2020～21年度は新型コロナウイルス感染症への対策費が重なった。対策費はほぼ全額を、国債を売って集めたお金に頼る。

国債の発行残高は2021年度末に、990兆円に達する見通しだ。残高が減ったことは一度もない。国際通貨基金（IMF）の基準で、債務残高を国の経済規模を示すGDP（国内総生産）と比べると、日本は2倍を超える。7割程度のドイツ、ほぼ同額の英国、フランス、カナダをはるかにしのぐ大きさだ。

積みあがる国債残高

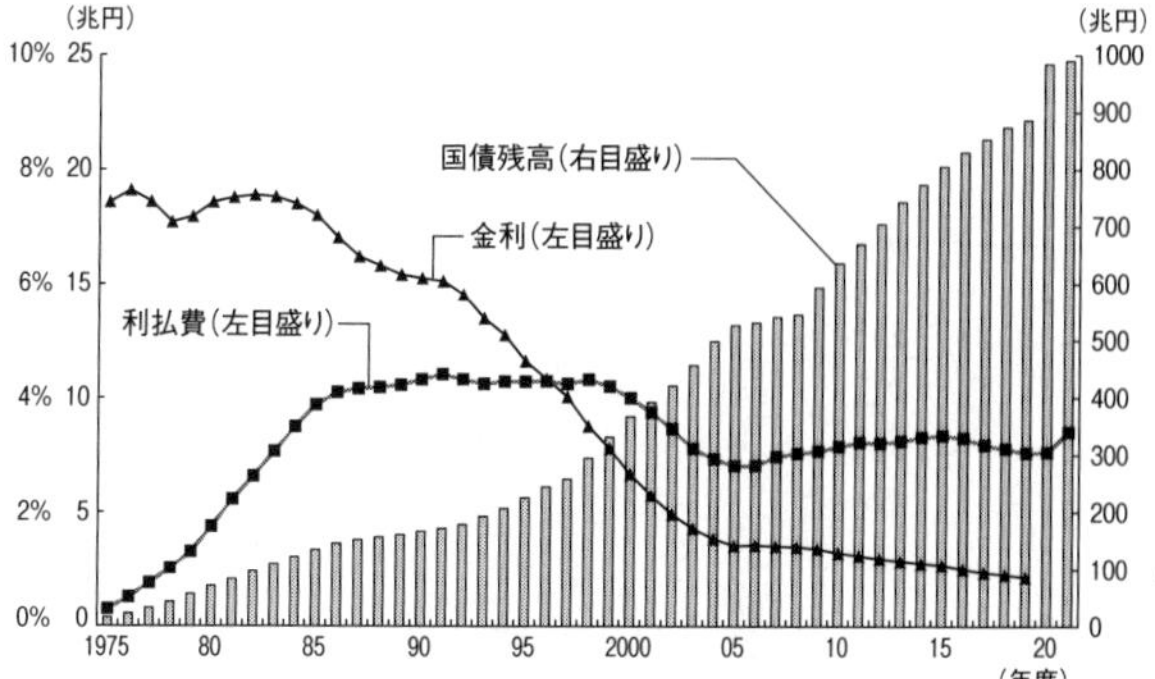

（2021年度は当初予算。金利は普通国債の利率加重平均。財務省資料から）

狼は来るのか

国の予算の2割強は、借金の返済と利息払いが占める。しかし、いまのところ破綻していない。

国債の金利は１９８０〜90年代初めまで6〜7%台だったが、２０１９年には１・０%を切って超低金利が続く。政府の利息払いの総額は、１９８０年代後半の年10兆円規模から8兆円ほどへ、むしろ減っている。

コロナ禍で国債の発行が増えても、世界の国々で中央銀行が買い入れを続けた。低金利だから借金倒れはしていないが、いつまでも続く保証はなく、「インフレは来ない」とも断言できない。金利が急に上がれば払う利息はあっというまにふくらみ、使えるお金は限られてしまう。どうしても必要な教育や、道路などの社会資本整備にお金が回らない事態が起きても、おかしくはない。

国の懐は、家計の感覚ではありえない規模の借金に頼っている。「こんなにも借金を重ねていたら、いつか外国に例があるように財政が破綻して、大量の失業や年金の目減りなどがどっと押し寄せるのではないでしょうか」と、ある会社員に聞かれたことがある。漠然でも不安を感じるのは、当然だろう。

財務省や報道機関は、金利の急上昇や財政の破綻を長く心配してきた。これを麻生太郎財務相がイソップ物語の「狼少年」にたとえて、話したことがある。コロナ禍で全国に最初の緊急事態宣言が出ていた、2020年5月12日の記者会見での発言だ。

「金利が上がるぞ、上がるぞと言って、狼少年みたいなことをやっているわけだよね。だけど現実問題として、金利は本当に上がっていないんだよ。そこは真剣に考えなければいけない。金利が低いからできている経済政策は、いまのうちだからやれる。それはさっさと最大限活用して、経済政策、財政政策を考えなければいけない」

イソップ物語では最後、狼は本当にやってきた。

税と国家

税は形を変えながらも、国家の発展とともに存在してきた。その変遷は、国税庁のホームページにある「税の学習コーナー」に詳しい。

古くは、コメなどの農作物や労働、布や絹といった特産品で納めるものだった。弥生時代の3世紀ごろ、卑弥呼の邪馬台国では、種としてとっておく「種もみ」などを貢ぎ物とした。

645年、飛鳥時代の大化の改新では新たな方針「公地公民」により、豪族などが支配していた土地や人々は国家の所有となる。701年の大宝律令で、収穫した稲、都《みやこ》での労働、布や海産物を納める「租庸調《そようちょう》」の仕組みができた。税は、社会の制度に組み込まれた。

室町時代は年貢に加えて、街道につくられた関所で通行税が課せられた。豊臣秀吉の太閤検地では、農地の面積だけでなく収穫高によっても年貢を納めるようにした。江戸時代には年貢のほか、商工業者には運上金《うんじょうきん》や冥加金《みょうがきん》という名目で、営業税や許可税のような税をかけた。

近代に入ると、明治政府は1873年に地租改正を行い、地価の3％を貨幣で納めさせる。

年貢のように天候や収穫によってばらつきが出ないことを、ねらった。所得税や法人税ができたのも、明治時代だ。大正時代から昭和初期は、戦費調達のための増税が続いた。

第2次世界大戦後は、1946年に公布された日本国憲法に、国が人々から税をとる根拠が明記される。教育、勤労とともに、納税は「3大義務」の一つになった。法律に基づかない限り、国は税を徴収できない「租税法律主義」の原則も書いてある。

第30条　国民は、法律の定めるところにより、納税の義務を負ふ。

第84条　あらたに租税を課し、又は現行の租税を変更するには、法律又は法律の定める条件によることを必要とする。

民主主義の社会で、意思と選択を示すのは国民だ。暮らしの水準を上げて福祉を充実させる社会全体の費用は、国民が広く、公平に負担する。憲法はこの考え方に強制力を持たせて、税金をきちんと納めてもらうための決まりでもある。

政府と人民の約束

税の存在意義は、日米のお札の肖像になった偉人が語っている。

米国の独立宣言を起草した1人で、100ドル札に描かれているベンジャミン・フランクリンは「この世では、死と税をのぞいては、確かなものは何もない」(In this world nothing can be said to be certain, except death and taxes.) との言葉を残した。死と同じように税もできれば避けたいけれど、国家の礎なので逃れられない、という。

日本の1万円札の福沢諭吉は、1872年に初版が出た『学問のすゝめ』で取り上げた。


政府は法令を設けて悪人を制し善人を保護す。是即ち政府の商売なり。この商売を為すには莫大の費なれども、政府には米もなく金もなきゆえ、百姓町人より年貢運上を出して政府の勝手方を賄はんと、双方一致の上相談を取極めたり。是即ち政府と人民との約束なり。

(1941年、日本評論社版)


政府の仕事には多くの費用がかかるが、政府にはそのお金がないし、稼ぐこともできない。必要なお金を人々からまかなうのは、政府と国民が一致して決めた「約束」だからだ。

無税国家は成り立つか

税のない国家は、実現できないのだろうか。

町工場から松下電器器具製作所（現・パナソニック）を興し、その実績と真摯な姿勢から「経営の神様」と呼ばれた松下幸之助氏は、理想の社会像の一つに「無税国家」を挙げた。

政府の予算は毎年、使い切る前提になっている。しかし、必要度が低いことに無理して使わずに、剰余金を運用して年々積み立てることを提案した。一朝一夕には難しくても長期的に取り組めば、いずれは税金をとらなくても国家は成り立つのではないか、と問いかけた。

「21世紀の末までには十分達成が可能」「次代に生きる人たちに、よりよい社会を残していくのが、現代に生きる者の責任」と指摘していた。無税国家が実現しても、貧富の差を調整するための税金だけは必要だ、とも主張した。格差を是正するための富裕税のような構想だ。

松下氏は丁稚奉公から町工場を始めた大正時代、税務調査に悩んだときに「利益は自分のお金ではない、ぜんぶ国家のお金、世の人々の共有財産」と達観したことを、よく振り返っていた。かつて国税庁が発表していた高額納税者の番付では１９５３年以来、10回にわたって番付のトップになった。税金や国家のありように、ひときわ関心が強かった。

１９６４年7月1日の朝日新聞夕刊にある「税金と私」の欄でも、「国のために必要というなら税金は喜んで払うつもりだ」と税への思いを語っている。そのうえで「為政者の心構えとして根本的に間違っていること」とした一つに、「政府はカネのなる木でも持っているかのように、国民が助けてほしいといえば何でもかなえてやろうという気持ちでいること」を挙げた。「国をよくするためには何をなすべきかをまず決め、この面に重点を置いて税金を使うのが本筋」と政府の役割を説いている。

また、「わが国はいま、財政面で大きな危機を迎え、国の勘定が合わなくなってきています。このままいけば遠からず、わが国の財政は行きづまってしまうでしょう」とも予測していた。

１９８６年、国債の発行残高が１４０兆円前後のころだ。35年後の２０２１年は、この7倍に積み上がっている。

借金を重ねる「特例」

戦後、日本で国債を初めて発行したのは、東京オリンピックが終わってまもない1965年度だ。佐藤栄作首相や福田赳夫蔵相（いまの財務相）が前向きで、大幅減税とともに不況対策の長期的な方針として、7月の閣議で決めた。

終戦から2年後にできた財政法は、政府は赤字を埋め合わせるための借金をしてはいけない、という大原則を定めた。将来まで使える道路などの公共事業は、財源に長期の建設国債を発行してもいいが、国債の引き受けや借入金を日本銀行に頼ってはいけない、とする決まりだ。

戦後20年、1965年8月17日の朝日新聞朝刊の1面トップに、「財政法問題で波紋か　公債発行〝歯どめ〟に懸念　憲法第九条もからむ」という記事が載った。財政法の大原則の成り立ちを説明し、景気を下支えするために借金に踏み切る政府の方針に反対する姿勢をにじませている。

記事には、〝歯どめ〟は反省から生まれた、とある。要約すると、こんな内容だ。

太平洋戦争中、時の政府は戦時予算を調達するため、国債を発行した。日銀が限りなく引き受けた結果、財政は崩壊し、とめどもないインフレを招いた。その反省から、「戦争放棄を国是とした憲法第9条の裏付けの一つという性格」で、歯どめのルールがつくられた――。

法改正や特例法の制定で、この大原則を変えようとする佐藤政権の動きに、野党の社会党や民社党などは強硬に反対した。「健全均衡を貫いてきた戦後財政の危険な一大転換」「一般財源の不足を公債発行や借り入れで補うことを禁じた歯どめをはずすことは、将来に禍根を残す」「戦時中のような危険な財政を再び招かないための保証がなくなる」といった主張だ。

「1年限り」の思い

その後9年間、国債の発行は建設国債だけにとどまった。赤字国債を再び発行するのは第1次石油危機後の不況に陥った1975年度、三木武夫内閣のときだ。赤字国債を発行できるようにする特例法が「1年限り」の法律になった背景には、健全財政を信条とする大平正芳蔵相の強い意向があった。大平氏が首相になった1979年9月の所信表明から、その思いが読み取れる。

「負債が負債を生むという財政運営をこれ以上続けることはできない。膨大な負債をこれ以上、後代に押しつけることも許されない」

「財政は次代に備えるため、速やかに自らの体質を改めて、その対応力の回復を図るべきである。その意味で、財政の再建は焦眉《しょうび》の問題であり、この課題を回避することは責任ある政治をまっとうするゆえんではないと考える」

赤字国債の発行は、バブル期に税収増がのぞめた1990～93年度をのぞいて毎年続く。そして2012年、民主党政権のときに、この「1年限り」は崩れた。衆議院と参議院の多数派が分かれる「ねじれ国会」のもと、特例法が前年に続いてなかなか成立しなかったことがきっかけだ。

地方交付税の配分や助成金の支払い時期を遅らせるなどの影響が出て、与野党は赤字国債の発行を4年間認めることに合意した。自公政権下の2016年、そして2021年は、これが5年間になる。赤字を埋め合わせる借金は「特例」どころか、「当たり前」になった。

「粉飾」「ウソ」の指摘

「当たり前」になろうとしている特例法は、もう一つある。

財政法は、前の年度に使わずに余ったお金は、その半分以上を国債の償還など借金の返済に充てる、と決めている。ところが、半分以上をむしろ新たに組む予算の財源に使ってしまう「特例」で、2019年度そしてコロナ禍が襲った2020年度も踏襲した。

国会で、この手法を「粉飾」と指摘したやりとりがあった。2020年1月28日、民主党政権で経済財政相も務めた国民民主党の前原誠司議員が、安倍晋三首相らにただした。

「本来であれば、剰余金は半分以上を借金の返済に回さなくてはいけないのに、財政健全化を遅らせて、結果的に（次の当初予算で）公債発行を減らすことができたというのは矛盾ではないですか。ウソではないですか。粉飾ですよ、これは」

麻生財務相は「おっしゃることは、もっともですよ」と受けて、続けた。

「考え方が問題です。少なくとも当初予算では、赤字国債の発行額を8年連続で減らす姿勢を、きちんと我々は示している。我々はマーケットと仕事をしています、野党と仕事をしているのではありません。財政再生を全然していない、となったときにマーケットに与える影響はものすごく大きい。ですから、そちらを優先させていただいた」

前原議員は、安倍首相が施政方針で「8年連続で公債発行を減額した」と演説したことも、「ウソの施政方針だ」と詰め寄った。確かに途中で国債を追加で発行した年があり、最終的な決算は「8年連続の減額」ではなかった。

消費税と政治

消費税は導入から30年後、元号が令和になって5カ月後の2019年10月に、税率が10%に上がった。軽減税率が初めて採用されて、食料品などはそれまでと同じ8%のままだ。国に入る税収は年20兆円を超え、税収全体の3分の1を占める最大の収入源になった。

できたときも、その後の増税でも、常に政治の攻防に揉まれてきた。

導入へ議論が始まったときは、昭和だった。大平首相が1979年10月の衆議院選挙で掲げた「一般消費税の創設」は、自民党内から「国民の協力が得られない」などの異論が続き、首相は投票前に撤回する。1987年、中曽根康弘首相は「売上税」と命名して、法案を国会へ提出した。ところが、前年にあった衆参同日選挙で「国民や自民党が反対している大型間接税は反対だ。そういう性格のものは一切やらない」と説明していたことから「公約違反」を指摘され、廃案に追い込まれた。

平成になって3カ月後の1989年4月、消費税は税率3%でスタートする。法律は前年のクリスマスイブに成立したばかり、超スピード導入だった。未公開株が政治家などに渡されたリクルート事件が広がりをみせるなか、竹下登首相は法律が成立したときの談話で、消費税を「豊かな長寿社会をつくる礎」と定義した。

安倍晋三氏の父で、当時自民党の幹事長だった安倍晋太郎氏も「世紀の法律ともいうべきもので、高齢化社会、国際化社会という新しい時代に耐える税が出発した。国民は必ず理解し支持してくれると思う」と表現した。

「導入してよかった」と感じる日は

実施前日の3月31日にも、竹下首相の談話が出た。ここでは「今日まだ、なじみの薄いことは当然ですが、今後の経済活動を通じて次第に定着し、私たちの生活に溶けこめば、やがて『導入してよかった』と感じていただける日が来ることを信じております」と思いを込めた。

竹下氏は、1993年刊行の本『消費税制度成立の沿革』にこう書いている。

「消費税は高齢化や国際化が一層進展する中、我々の子々孫々が豊かな生活を送ることのできる将来の我が国経済社会を支える極めて重要な税金である」

「税制という制度は、後世代に対する現世代の責任を踏まえて構築するべきものであるが、消費税は特にこのような重大な使命を帯びている」

消費税は、日々の暮らしで商品やサービスを買ったときに上乗せされるから、税収が景気の動きに左右されにくい。景気が悪くなっても、食費や衣料費などを大幅に切り詰めるのは難しいので、所得税や法人税よりも税収が安定している。ここに特徴がある。

お金に色はついていないものの、年金や医療、介護などの社会保障に限定して使うことも決まっていく。社会保障は、誰もが何らかの形でお世話になる。財源は、現役世代に負担が偏る所得税より、高齢者も含めてみんなが払う消費税のほうが向いている、との理由からだ。

社会保障に使うお金は、消費税の税収だけでは足りない。ほとんどの人が負担する税金だけに、税率を上げるときの拒否反応は強い。所得の低い人への対策や景気への影響を抑える対応は、経済的な視点からだけでなく、政治家にとって大きな関心事になる。

続く政治の攻防

8党派の連立政権を率いた細川護熙首相は1994年2月、消費税を衣替えする形で、税率7%の国民福祉税構想を打ち出した。しかし、「正確にはじいてはおりません。まだ腰だめの数字ではございますが、だいたいこの程度の財政の需要がどうしても必要」などとした説明が批判を浴びた。未明の会見の翌日に撤回し、2カ月後に退陣した。

税率は、1997年4月に5％になる。橋本龍太郎首相は介護保険制度の創設を決め、財政再建を目指した財政構造改革なども進めた。しかし、翌年7月の参議院選挙で大敗。山一証券の破綻など、金融危機も表面化した。

1999年、小渕恵三政権は消費税の使い道を、基礎年金、老人医療、介護の3分野とすることを決める。予算の基本ルールの予算総則に明記した。消費税の全額を社会保障費に充てる考え方をさらに進めたのが、麻生太郎政権だ。2009年、経済財政相だった与謝野馨氏が主導して、改正所得税法の付則第104条に消費税を含めた改革を進めるため、「2011年度までに必要な法制上の措置を講ずる」と書き込んだ。

民主党政権に交代後の2010年、参議院選挙を控え、菅直人《かんなおと》首相が突然、「消費税の改革案を今年度中にとりまとめていきたい。当面の税率は自民党が提案している10％を一つの参考にしたい」と表明した。民主党の経済政策を批判していながら、税財政通だった与謝野氏を担当大臣に迎え、税率引き上げへ道筋をつけていく。

次の野田佳彦首相が自民、公明との「3党合意」をまとめ、税率を8％、そして10％へ引き上げる法律は、2012年8月に成立した。

「分かち合う」震災復興税

２０１１年３月11日に起きた東日本大震災の復旧や復興財源に充てる特別所得税は、２０１３年から２０３７年まで負担する。25年間、国に所得税を納めている全国の少なくとも５千万人以上が払い、上乗せされる金額は所得税額の２・１％。自治体への住民税では、所得の水準にかかわらず１人一律１千円を２０２３年まで10年間納める。終わった後は森林環境税の名に変わり、１千円の負担は続く。

これも、震災当時に政権をとっていた民主党と野党の自民、公明の３党合意で決まった。５年間を集中復興期間として必要な額を19兆円程度と試算し、うち10兆円程度を特別税でまかなう。いったんは国債を発行して復興事業を進め、後から税収で返す仕組みだ。

個人向け復興国債を買った人に渡された、日本政府発行の感謝状には「皆様からお預かりした資金につきましては、その全額を東日本大震災からの復興を図るために実施する施策に大切に使わせていただきます」と書かれている。

負担増にも「寛容な気持ち」

地震発生から2日後、東京電力の福島第一原発事故の先行きが見定められないなかで、自民党の谷垣禎一総裁が「復興支援税制」に言及した。民主党などでつくる特別立法チームも「法人特別税、特別消費税、社会連帯税の創設の検討」を、復興対策基本法案の原案に書いた。

民間の有識者が参加した東日本大震災復興構想会議は4月14日の初会合で、復興基本方針案の4項目に「震災復興税」を書き込む。議長で、当時防衛大学校長だった五百旗頭真《いおきべまこと》氏は会見で「復興に要する経費は、阪神淡路大震災の比ではない。国民全体で負担していくことを、視野に入れなければならない」と指摘した。

のちの取材では「いまを生きる世代が連帯と分かち合いの姿勢を持たなければ、被災地の復興も日本の将来もない、と考えた。選挙に負ける増税はやろうとしない、無責任な政治への批判の気持ちもあった」と振り返った。「連帯」「分かち合い」は、政府の復興基本方針の大原則になる。

必要な復興費は巨額なうえに削れないから、財政に余力を持たせるために焦点が当たったのは、歳出のむだの点検だった。民主党政権は、選挙公約の柱にしながら「ばらまき4K」との批判も受けた子ども手当や高速道路の無料化などを見直し、国が持っていた日本郵政や日本たばこ産業の株式を売った。国家公務員の給与も下げた。

「がんばろう東北」「がんばろうニッポン」

こんな言葉をいろいろな人が口にしていたときで、各種の世論調査でも復興のための増税に、反対意見は強くなかった。宮城県石巻市出身の安住淳財務相は、制度の詳細を決めるとき、「被災地の人間で、心苦しい思いもしております。ただ、さまざまな世論調査でも、日本の国民の多くはこの復興に向けて、多少の負担にもたいへん寛容な気持ちを持っていただいている」と言って、「心苦しい」「本当にありがたい」を繰り返した。

増税期間は25年に

10月28日、野田首相が所信表明で「歳出削減の道と増収の道では足らざる部分について、初めて歳入改革の道があります」と言って、復興特別税の実現に向けた与野党協議は最終局面を迎える。

復興費を消費税に上乗せしてまかなう案は、「被災地にも税負担がかかる」「社会保障に充てるはずのお金を流用するようだ」などと反対意見が出て、政府内の調整で早々に消えていた。

議論の対象になったのは、法人税、所得税・住民税、たばこ税だ。このうちたばこ税は、自民党が反対して、取り下げになる。協議の焦点は、国民に広く負担してもらう、所得税・住民税となった。

民主党政権の案は、所得税に復興特別税の税率を上乗せする期間を10年としたが、公明党は15～20年を、自民党は60年程度を主張した。「60年」は、被災地の将来へ向けて道路や住宅、堤防などをつくるので、「将来世代にも応分の負担を求めるべきだ」との考えからだ。建設国債の元本を返すまでの60年と同じ発想だ。与野党協議で決着したのは「25年」だった。

このときの財務省の試算では、期間10年での所得税の上乗せ額は、年収500万円の夫婦と子ども2人の世帯で年3100円。25年に延びたことで、年1720円に下がった。この間に退職する人は、通算での負担額は減る。一方で、震災のときに生まれていなかった世代も負担することになる。

法律は、2011年11月に成立した。大津波と原発事故から8カ月で決まった分かち合いの復興税は、法人税にも期間3年の特別税をかけた。しかし自公連立の第2次安倍政権は、前倒しして2年で打ち切る。世界の国々が産業の競争力強化を打ち出して、法人税の減税を競うように進めていた時期だった。

第5章　インタビュー　私の「公助」論

北海道知事　鈴木直道さん

「教えてほしかった」と言われた財政の実態、正直に説明

――新型コロナウイルスの感染拡大は、まさに日本のセーフティーネットを大きく揺さぶりました。政府や自治体の対策には、混乱がつきまといました。

鈴木　まずは目の前の状況を脱する、そのための政策を決めるメッセージ、そして検証が欠かせません。どういった対策がベストだったのか、コロナが過ぎ去っても新しい感染症は出てくると思いますし、危機管理や経済対策などいろいろな形での対応は、当然これからもあります。いつも「不測の事態だから」といった対応でよいのか。対策に伴うお金や人手の負担をどう考えるのかも、あわせて議論が必要です。

――鈴木さんは、財政破綻をした北海道夕張市の市長を8年近く経験されました。そのときのいちばんの教訓は、何でしたか。

鈴木　地域の再生を考えたとき、財政の再建が最優先になると、その財政の再建すらできなくなってしまうことです。経済の再生にも同時に取り組むことで、結果として財政の再建を確実にします。財政が厳しくなると、どうしても守りに入りがちですが、そのなかで何にどう、挑戦していくのか。

夕張市は、第三セクターが絡むリゾート開発で苦労しました。本来は民間の知恵やノウハウでやるべきですし、民間が利益を上げることが期待される分野に、行政が入る話ではありません。基本的には、民間を支える立場に回るべきです。

一方で、採算が合わなくても行政が担うべき機能は守らなくてはいけないのに、あいまいになっていた時期がありました。財政に余力があれば、いろいろなことが何となくできるけれど、財政が厳しくなると、そのすみわけがより必要になってきます。いま、北海道知事としても、都道府県で最も厳しい財政状況のなかで運営しています。新型コロナ対策でも、行政がやるべきこと、できることは、自ら上限を決めるわけではありませんが、どうしても限界はあると感じています。

――コロナ禍への対応では、何か新たな手立てを考えましたか。

鈴木　医療従事者への支援で、「エールを北の医療へ！」というクラウドファンディングを募りました。2020年度だけで約12億円が集まりましたが、お金だけではなく、全国から多くのメッセージも届きました。医療従事者への偏見や差別、誹謗《ひぼう》や中傷があるなかで、「みんなで支える」というメッセージが力になったのではないでしょうか。こういった支援は、行政だけでは最大の効果を生みません。しっかりとした共助、公助をつくり上げることが大事です。

――この12億円は、寄付ですね。国や都道府県、市区町村に入ってくる税金と、違いますか。

鈴木　違うと思います。夕張市長のとき、毎月のように寄付をくださる方がいました。2万何十何円というふうに、数円単位まである振り込みでした。「なぜ、いつも端数がつくのだろう?」と思っていました。寄付をしてくれたのは、埼玉県三郷市の居酒屋さんでした。私が三郷市出身だからかなと思いつつ、会いに行ったことがあります。私が市長になる前からの寄付で、お店に置いた貯金箱に少しずつ貯まったお金を毎月送ってくれていました。以前は、アルバイトたちの飲み会代に充てていたそうです。

あるとき、店のオーナーが「夕張市が破綻した。夕張は昔は石炭を掘っていて、その石炭のおかげで、いまの日本がある。みんなの了解があれば、貯金箱のお金を送ろうと思う」と呼びかけた、と教えてもらいました。みんなが納得したうえでの自主的な寄付と聞いて、自分が恥ずかしかった。端数はいいから、1万円や2万円といった切りのいい額の寄付でいいのに、と思っていた自分、寄付を受けることに麻痺《まひ》していた自分がいました。

どういう思いで寄付を託してくれたのか。お金を得るためにバイトをしているのに、行ったこともなく炭鉱も知らないのに、その1円1円に思いがこもっていたのに、です。思いをしっかり受け止め、どう使えばいいかを考えることが大事だ、と改めて痛感しました。

――いろいろな人が納めた税金の1円1円にも、本来は同じように思いが込められているはずです。

鈴木 納税者からみれば、税金のひどい使われ方のニュースには、怒りが沸くこともあるでしょう。でも、毎日のように「税金の使われ方」を考えている人は正直、少ないと思います。逆にいえば自治体の首長として、そこは反省しなければいけません。どう使っているかという説明を尽くせていないし、お金には色がついていないのでわかりにくい。課題とプロジェクト、そして成果を見える化することで、もっと関心を持ってもらう必要がある、と思っています。ふるさと納税は、こうした見える化がしやすいですね。

――わかりにくさは、どうすれば解消できますか。

鈴木 人口減や少子高齢化など、将来にわたって負担を背負っていく状況があるなかで、これ以上は問題を深刻化させない視点が大事になっています。私は北海道の予算案を発表する記者会見では、財政状況と将来負担について時間をとって説明しています。借金である地方債の実態として、その返済額の大きさ、いわゆる実質公債費比率は都道府県のなかで最も厳しいことなどです。そのうえで、今年度の予算の中身を話します。小さいことと思われるかもしれませんが大切なことで、自分自身も身が引き締まります。

夕張市の財政が破綻したときは、追い込まれた財政の状況を、ほとんどの市民が知りませんでした。「どうして破綻したんだ」「教えてほしかった」と、私も後から言われました。住民と行政が、こうした危機に対して目線を合わせていく「気づき」の関係が大事です。市長のときに借金時計をつくったのも、1秒あたりどのくらい返済しているかを見える化するためでした。歳出を減らして歳入を増やすという、財政の当たり前のことを考えるのはもちろん、いままでとは違った発想でどうしたら事業ができるのか、考える土台にもなりました。

――「気づき」の関係には、住民と行政の間の信頼関係が欠かせません。

鈴木　お互いに歩み寄ることが、必要ではないでしょうか。住民の方々も、ちょっと面倒くさくても、財政の実態など本来は大切で必要なことを、自ら理解しようとしてほしい。行政の側も、説明はしんどくてもやっていこう、と実行に移さなくてはいけません。
　では、どういうタイミングが歩み寄りのきっかけになるのか。夕張市の場合は、財政の破綻でした。本来は究極的な状況になる前に、やっておくべきことです。何も難しいことではなく、今日でも明日からでもできるはずです。予算の内容は、いい話だけではない。それでも正直に伝えることが信頼につながる社会であれば、知事や市区町村長、国会議員も話すでしょう。一方通行ではなく、お互いに不都合な真実も含めて、きちんと伝えていくことが大切です。

――どうすれば、若い世代と「気づき」の関係をつくれますか。

鈴木　生まれてくるタイミングは、自分では選べません。私自身、人口構造や財政の状況について、悲観的にとらえることもありました。でも、将来を変えられる世代の当事者として、どうせ生きるのだったら、状況は変えることができるのですから、政治に参画して、より生きやすい社会にしたい。その思いを、若い人たちへ、私なりに伝えたい。関心を持ち、面白そうと思う、それだけでも未来を変えることに、わずかでもつながるかもしれません。地域の方々にいろいろな形で意識を持ってもらうことが、政治家にとってプレッシャーにもなります。

――やりがいが、ありますか。

鈴木　人口構造のなかで、「就職氷河期世代」「団塊ジュニア最終世代」などとレッテルを貼るのは、どうかと思います。その響きで、やっぱりどうしても悲観的になるし、保守的にもなる。

周囲はそうであっても、私は「未来は変えられる」と信じています。背負う負担は大きくなっていきますが、少数の世代が中心となって担う時期が来たとき、一人ひとりの負担が大きいととらえるか、逆に一人ひとりが果たせる役割が大きくて、やりがいも大きいととらえるか、その違いです。ぜひ、みんなが後者のほうであって欲しい。「自分たちが変えることができた」とのちに振り返ってもらえる社会になっていたら、すごく楽しいことだと思います。

すずき・なおみち　1981年生まれ。18歳で東京都庁に入庁。1年後から働きながら法政大学で地方自治を学び、卒業。2008年から2年間、都庁から北海道夕張市へ派遣され、その後の内閣府への出向では夕張市行政参与も経験した。2011年4月から7年10カ月間、夕張市長。2019年4月から現職。

日本総合研究所理事長　翁 百合さん

人の活躍を重層的にサポート、受益と負担の「見える化」を

――日本の人口の年齢構成をもとに、今後、若い世代の負担が増えていくリスクを指摘されています。どういう負担増ですか。

翁　年をとると医療のお世話になる機会が増えますから、75歳以上の後期高齢者が増えれば、それだけ医療費がかかります。内訳を見ると、75歳以上の方が自分で負担する額は原則1割で、残りの半々くらいは若い世代の保険料と税金でまかなわれています。つまり、高齢者の医療には、現役世代のサポートが組み込まれています。若い世代がどれほど健康に気をつけても、後期高齢者の方々の医療費がどんどん増えていけば、若い世代が払う健康保険料も上がっていく。この構造を見直そうと、菅義偉政権は、収入が200万円以上ある75歳以上の方は2割まで負

担していただくことを決めました。でも、これだけで足りるわけではありません。

――なぜ足りるようになるまで見直さなかったのか、もう少し詳しく教えて下さい。

翁　この議論をした「全世代型社会保障検討会議」の私たち民間委員の間では、75歳以上の過半数くらいに2割以上の負担を求める、という声が多かったのです。でも、首相と公明党との間の決着で、ふたを開けてみたら対象は30%ほどにとどまっていました。もう少し踏み込めれば、と思いましたね。

後期高齢者と若い世代を比べてみると、同じ収入でも、家賃や教育費の支出は若い世代が多くなります。後期高齢者は、家も金融資産も持っている方が多い。年金が定期的に入る高齢者の医療費の負担は原則1割なのに、たとえばコロナ禍で収入が大きく減っていても、非正規の若者は3割を自己負担しています。しかも、若い世代の保険料は「支援金」の形で高齢者分に回っています。ですから、「全世代型の社会保障」ができたかといえば、第一歩だけ。まだまだこれからです。人手不足の介護でも遠からず、さらに深刻な問題に直面します。

──「少子化の流れを変える」という政府の目標は、実現できていますか?

翁　こちらも、とても深刻です。コロナ禍の不安もあって、2021年の出生数は70万人台にまで下がる、とも言われています。一度、どーんと落ちると後々まで響きますので、とても心配しています。第2次安倍政権下では、教育や保育の無償化を進め、保育園の待機児童を減らすことなどは進めていました。でも、少子化はまったく止まらず、2019年の合計特殊出生率は1・36です。データに基づく検証を踏まえた、効果的な政策の実現が欠かせません。

社会全体で、男性女性の役割分担の意識を見直し、協力し合って子どもを育てる意識改革、待機児童問題の解決、若者や貧困世帯の支援にどう向き合うか。よく「そこまでの財源がない」と言われますが、たとえば国民全員への10万円の特別定額給付金は、富裕層の貯蓄に回った分はもったいなかった、と思います。マイナンバーで一人ひとりときちんと結びつけて、本当に必要な人への必要な支援に集中するべきではないでしょうか。

——出生率が上がらないのは、どこに問題があるのでしょう。

翁　安倍政権が2015年に打ち出した「新3本の矢」で掲げた希望出生率1・8の目標は、よかったのです。「介護離職ゼロ」も含めて。でも、少子化に本当に歯止めをかけるなら、社会の性別役割分担の意識が変わり、若者が自信と安心を持てる社会にしなくては難しい。

構造的な問題に、もっと真剣に向き合わなければいけません。規制改革では、安倍首相は「私がドリルの刃となって、あらゆる岩盤規制を打ち破っていく」と言われて、たとえば保険が利く治療と利かない最先端の治療を組み合わせた混合診療の規制を緩める「患者申出療養」も始まりました。ところが、政権の後半は、規制改革はあまり進みませんでした。結局、全体では金融緩和に偏りすぎていて、本来はここでもらった時間で、もっとやるべき改革を進めておく必要がありました。

――「やるべき改革」とは、何ですか。

翁 大きな変化の時代にも円滑に次の仕事が見つけられるように、人を重視した総合的サポートの方向へ変えていくことが、大事です。新型コロナで厳しい状況に陥っている一人ひとりに、次の活躍につなげられる教育、職業訓練、職業紹介などの総合的支援が必要でしょう。これからは、生産年齢人口が減ります。困難や逆境にも心が折れず、状況に柔軟に対応できる人、課題解決能力や創造力を持った人を、初等中等教育から育てる必要があります。

デジタル化も急務です。マイナンバー制度はあっても、結局はぶつ切り状態です。乳幼児健診から小学校の健診データまで、マイナンバーでセキュリティーを備えて、つなげて活用していく。ひとり親の家庭もデジタルの力を借りて、困難に陥りそうな方をリアルタイムで把握し、支援できるようにする。先ほどの高齢者の医療費も、金融資産データとマイナンバーをつなげて、豊かな層には多めに負担いただく仕組みなど、考えられることはあるように思います。

――政府に十分な財源がなければ、セーフティーネットの充実は難しいです。

翁　第2次安倍政権で消費税は2度、税率が上がりました。また消費税を上げるのは、現実に広がっている格差を踏まえれば、当面は厳しいと思います。東日本大震災のときは、復興財源を確保するための特別税が所得税などに入りました。もう少し、富裕層からの所得移転、株式の売却利益や配当にかかる金融所得への課税など、税制の見直しを考えていく必要があります。結局は、何をやるにも、財源問題と既得権益の二つが大きな壁になっています。

――壁を越えるには、何が必要ですか。

翁　安倍政権は、戦後2番目に長い景気回復と重なっていましたから、財政再建をもう少し進めるチャンスでした。平時と緊急時という点では、コロナ禍へのドイツの対応に学ぶところは大きいと思います。平時は財政規律をしっかり進め、緊急時には支援策を手厚くして、消費税率を半年間、下げました。2023年から20年間の財政再建計画を立て、英国や米国も税収の確保に法人税率を上げる議論をしている。要は、メリハリです。全体の規律を考える動きが見えない日本は、すごく心配です。これでは、まさに「若い人たちに負担が行く」というメッセージになりかねません。私の息子は20代前半ですが、エコノミストの立場から言えば、「将来には希望がある」と言えるような財政の状況にしたい。若い世代は、自分たちはどれくらい年金をもらえるのか、たいへん心配しています。財政のことも、強く不安に思っています。

――海外の国々と比べて、日本に足りない視点は何ですか。

翁 政治は、しっかり未来世代の視点を踏まえた議論と向き合う必要がある、と思います。目の前の選挙が、どうしても近視眼的にさせてしまいますが、やはり長期の視点が必要です。例えばスウェーデンの年金改革は、超党派で議論して決めています。若い世代、将来世代にとって、改革は後回しにできないはず。気候変動やカーボンニュートラルなどの視点は、企業の活動を中心に中長期的に危機を感じとっているからです。

同じように、日本が借金を重ね、日本銀行が国債をこれほどまでに買っていいのか、ここに危機を感じられるかどうか、です。子どもや孫がいる世代は、もっと未来を見る。若い人たちも選挙の投票へ積極的に行く。将来の展望や現状が開示されて、厳しいならば声を上げようという流れをつくることが大事です。若い世代は、社会的な課題にとても意識の高い人が多い。企業経営もESG（環境・社会・企業統治）やSDGs（持続可能な開発目標）が重視される世の中になりました。未来志向、未来の人たちが大事なステークホルダーであり、子どもたちに何ができるのかを考える癖が、政治家に根付くことが大切です。

――何から、取り組むべきですか。

翁　将来に向けた課題について、国民に正直な開示がされること、受益と負担の関係を明らかにすることが必要です。NPOやクラウドファンディングなど「自分のお金は、この人たちを支援するためにきちんと使ってもらえる」と思える仕組みを活用する人は、増えています。災害の支援、病児保育などの目的が明確だからでしょう。スウェーデンの社会保障は、自分たちで払う税金が保育や介護に使われている関係が見えやすいから定着しました。さまざまな「共助」の仕組みも使い、重層的にサポートすることがいいと思います。

おきな・ゆり　1960年生まれ。慶応義塾大学大学院経営管理研究科の修士課程修了後、日本銀行に8年間勤める。日本総合研究所へ転じ、理事などを経て2018年より現職。京都大学博士（経済学）。政府の規制改革会議、未来投資会議、全世代型社会保障検討会議などのメンバーを歴任。金融システムや社会保障などが専門。

慶応義塾大学名誉教授・元経済財政相　竹中平蔵さん

「自ら助くる」人が多いほど、本当に困っている人を助けられる

――国の財政を活用した「究極のセーフティーネット」が必要だ、と主張されています。どんな仕組みを考えているのですか。

竹中　新型コロナウイルスの感染が拡大して、突然、見込んでいた一定の年収が入ってこなくなった人が多くいました。こうした状況に置かれる可能性は、誰にでもあります。ならば、最初からネット、安全・安心のための網をかぶせておきましょう、これが私のベーシックインカム（最低限の所得保障）の考え方です。生活保護のように、決める市区町村の主観によったり社会の目を気にしたりすることなく、全員がセーフティーネットのなかにいる、ととらえています。

国民全員への一律10万円の給付金も、生活救済策という視点でみれば、究極のセーフティーネットを臨時でおこなった形でした。それなら、きちんとマイナンバーを使えるようにして、所得の高い人は後で給付金を返すといった議論ができるのではないか、と思いました。

むろん、大きな国の形にかかわる問題ですから、憲法改正と同じように、コロナ禍ではなかなか難しいのは事実です。菅義偉首相にも「やるべきだ」とまでは、言ったことはありません。

——どう進めればいいと、考えますか。

竹中　私のベーシックインカムの当面の提案は、平均の金額で月7万円です。年金をうまく見直すなどして、いまの社会保障の制度を組み替えていけば、新たな財政の負担がなくてもできる、というエコノミストの試算を見て、あえて数字を挙げました。スイスでは2016年にベーシックインカムを進めるかどうかの国民投票をしましたが、否決されました。成人に月27万円も給付する案で、「それでは、働かなくなるだろう」となりました。金額を大きくしすぎてはいけません。一方で、私が月7万円と言ったら、「生活ができない、もっと上げろ」という意見もありました。そこは、各政党が「月15万円にする代わりに、増税をします」「月3万円と減税を組み合わせます」などの選択肢を出し合って、国民が選択することです。大きな政府を選ぶのか、小さな政府を求めるのか、です。若い方々には、フランスの大統領だったシャルル・ドゴールの言葉、「政治はあまりに大事だから、政治家だけに任せておけない」を、ぜひ実感として考えていただきたいですね。

――消費税の税率を上げる際に、所得の低い人への対策として案に挙がった「給付付き税額控除」と考え方が似ていますね。

竹中 そうです。日本の所得税は、所得が上がるにつれて税率が高くなる累進構造をとっています。所得の低い人の税率はゼロ、つまり税金を払わない。このゼロにする所得水準をもっと低くして、マイナスにまでするのが最低所得保障ですから、いわば「負の所得税」。基本的には同じです。

極端に言えば、日本は中間所得層、いわゆる「普通の人」の税率がとても低い国です。世界と比べても、高所得の方々への税率は、もう十分に高い。税率10％以下の比率は英国の２％、米国の22％に対し、日本は80％を超えています。ところが、政治的に「普通の人の所得税を上げます」とは言えませんから、その分も含めて財源を消費税に逃げ込んできた、と言えるでしょう。本来であれば、社会保障は累進制のある所得税で考えるべきです。

――ベーシックインカムと、自助とのバランスをどう考えますか。

竹中　自助は、「自ら助くる」と書きます。「自ら助くる」ができる人がたくさんいればいるほど、本当に困っている人を助けることができる。船が難破したとき、全員が救命ボートに乗れなければ、自力で泳げる人には泳いでもらうしかありません。本当に支えを必要とする人を助けるためには、自助でできる人にしっかりしてもらうことが、どんな社会でも共通の仕組みです。だからこそ、自助と公助は重要な関係にある。

ただ、世界でも自助できる人と公助を必要とする人が両極化していて、格差が広がっています。それがトランプ現象やブレグジット（英国のEU離脱）につながりました。金融緩和、そして財政を拡大してもインフレにはならず、資産が金融で水ぶくれしているような状況へ近づいています。持っている人と持っていない人の差はさらに広がっている、とも言えます。

――自助できる人にまで公助が広がれば、仕組みは膨張して持続可能と言えません。

竹中　いまのように政府の借金の増え方がGDPの増え方よりも大きいという、これは、どこかで止めないといけません。ただ、日本の場合、財政が赤字であることが誇張されすぎています。政府は資産を持っていますから、資産を差し引いた正味の債務は、言われているほどには大きくない。だからといって国債残高を無限に増やすことはできませんから、どこかのタイミングで、国債残高の伸び率をGDPの伸び率の範囲に収めないといけません。

金利を払う前のバランスで、名目の成長率と名目金利が同じならば、プライマリーバランスを回復させればGDPに対する国債残高の比率は減ります。それを「どこか」で満たすことは、必要だと思います。やはり、経済を悪くしたら税収が減ります。経済が悪いまま放置することは、人々にとっても政府にとってもマイナスでしかない。

コロナ禍のような状況であればなおさら、なりふり構わず、財政も金融もマーケットに資金を注ぎ込まざるを得ないですよね。でも、「どこか」は、誰にもわからない。日本は個人と企業を合わせた民間部門にプラスの貯蓄があり、財政赤字（政府の負の貯蓄）はここに支えられています。海外のファンドのようなところが思惑で投げ売りするようなことにはならないので、財政破綻したギリシャとは状況が違うのです。

――人口減と高齢化の時代です。若い世代から見たとき、リスクはどこにありますか。

竹中　二つあると思います。一つは、いままで以上に社会の変化が激しくなっていること。偏差値の高い大学、一流企業に入って、終身雇用、年功序列のなかで管理職になるという、これまで見えていた「人生の地図」は、第4次産業革命、ビッグデータ、人工知能の時代には使えません。状況が変われば、こうした「地図」はすぐに役に立たなくなります。地図に頼らない自分の羅針盤、つまり自分は何をやりたいかという強いパッションと専門的な力がないと、生き抜くことはできない時代になっています。

もう一つのリスクは、人生が長くなったこと。平均寿命が100歳になるなら、20年ほど勉強して、残り70年以上はその蓄えで生きていくことになり、これまでのような単線の生き方では無理が出てくる。15年働いて2年勉強する、これを繰り返すような、多段階の人生になるでしょう。

長寿は日本の強みですばらしいことですが、同時に生きることのリスクが高まることでもあります。大きな変化に直面し、チャレンジする人生では、100%成功するとは限りません。個人にも社会全体にもリスクを担保する、その社会の再設計、リデザインが必要な時代です。

たけなか・へいぞう　1951年生まれ。一橋大学経済学部を卒業後、日本開発銀行（現・日本政策投資銀行）、大蔵省財政金融研究室（現・財務総合政策研究所）などで勤務。米ハーバード大学、慶応義塾大学などで教鞭をとる。大阪大学博士（経済学）。小泉純一郎政権の2001〜06年に経済財政相、金融相、総務相などを歴任。世界経済フォーラム（ダボス会議）理事、菅義偉政権の成長戦略会議のメンバー。

元首相・衆議院議員　野田佳彦さん

将来世代はピンチ、借金は未来の選択肢を狭める

——政治家は、国の財政について「次世代に負担を先送りしない」と繰り返しています。この10年、どこまで政治は真剣に取り組んできましたか。

野田　「プライマリーバランスを黒字化する」という財政の目標は、平たく言えば、「政策にかけるお金は、入ってくる税収の範囲内に収める」ということです。財政赤字という「流れ出ていく血」を止めることであり、財政健全化の入り口はここから。止血をしなければ容体の悪化は止まらないのに、第2次安倍政権は「2020年度は間に合わないので、2025年度まで延ばします」と言いました。この目標も達成できそうにありません。政権も無責任ですし、国会の民主的な統制もまったく機能していません。国民から見て、きちんと伝わる議論を意識し

ているのでしょうか。さらに、安倍晋三前首相は、消費税の増税は「今後10年くらいは必要がない」と発言しました。

菅義偉首相も同じです。10年も先までの将来の選択肢を封印することを、一国のリーダーが言うべきではありません。消費税は8％、10％と2度の税率引き上げがあり、国税の税収トップになりました。「次はほかの税で改革を」という流れは、もちろんあると思います。だからといって、特定の税目の議論を封印するのはおかしい。乱暴すぎます。

――自国通貨での国債発行なら、増発してもインフレにならないというMMT（現代貨幣理論）の主張があります。

野田　MMTと呼ばれる学説にすがりたい気持ち、こうした考え方に左右されている与野党の国会議員は増えています。しかし、一つの学説にすがる行為は危ない。マーケットの状況の変化によって、流れは一挙に変わります。現実の政治では、いろいろな可能性を踏まえて常に緊張感を持って対応しなければならない。安易にたがを外すことは、できないはずです。

「成長なくして財政再建なし」が最近の自公政権の路線ですが、成長だけでは不十分で、財政の目標はずっと達成できていません。そして「財源なくして政策なし」を言う人は、ほとんどいません。10年前にはよく言われた「Pay as you go」（その都度、支払いをする）、つまり政策をおこなうときは借金に頼らない財源の確保を義務づけて、収支のバランスをとろうとする考え方も聞かなくなりました。

借金はすればするほど、返済も利払いも増えます。これは、教育や科学技術など未来への投資にもっと回せるはずの政策の選択肢、チャンスを狭めていることになります。将来世代にたいへん申し訳ないことを繰り返しているのに、このあたりの議論は突き詰めてやっていません。

——第2次安倍政権はコロナ禍の前から、リーマン・ショック時に匹敵する年100兆円規模の国の予算を続けてきました。

野田　いまさえよければいいとお金を使い、借金をすれば、間違いなく将来世代の負担になります。この負担を減らすにはどうしたらいいか、これこそが財政規律だと私は思っています。

少子高齢化で、構造的に将来への負荷がかかる日本の体質にコロナ禍が加わり、将来世代はよりいっそうのピンチ。「コロナ禍でも、財政規律を同時に考える」ことの必要性は、口を酸っぱくして言っています。若い世代には「皆さんが関心を持たないと、まさにシルバーデモクラシーが闊歩《かっぽ》して、不利になりますよ」と言っていくしかありません。有権者に占める高齢者の割合が高いため、高齢者が政治への影響力を持っています。

国の財政は、よく「ワニの口」にたとえられます。２０１０年からの10年間をみると、歳入は消費税率の引き上げもあって、多少は口が狭まる感が出てきました。ところが、今回のコロナ禍で、あごが外れるような状況になっています。「経済対策は規模が大きければいい」という雰囲気が、与野党双方にあまりにも強い。当然、必要な対策は打つべきですが、もう少し賢い支出、財政規律の道筋も併せて真剣に考えることが、責任ある政治の姿です。いま一度、「ワニの口」を縮めるにはどうしたらいいのか、計画をつくるべきだと思います。

――2020年春、コロナ禍の第1波にあたって、すべての国民に10万円が配られました。野田さんが首相なら、どう判断したと思いますか。

野田　何らかの給付は、必要だったでしょう。急がないと間違いなく困る人、命を絶つ人も出てくる懸念もあるなかで、被害を最小限に食い止めるのが政治の役割ですから。理論的に精緻かどうかより、「エイヤ」で判断せざるを得ない場面ではあったと思います。ただ、これには12兆円ものお金がかかって、全額を国債発行、つまり借金に頼りました。「将来世代の皆さん、ごめんなさい」という、かなり強い気持ちを持つ必要があります。

財政健全化の計画は、経済対策と同時につくることこそ、責任ある態度と言えるはずです。将来、大きな自然災害や新たな感染症もあり得ると考えれば、必ず財政出動が伴います。コロナ禍の対応で、2020年度だけで70兆円超という巨額の歳出が見込まれて、感覚がいっそう麻痺しています。受益と負担の相関関係はもう崩れていて、ほとんどが借金。痛税感もなく、どこかから降ってくるお金のようだと、ありがたくもなくなっていきます。

だからこそ、こういうときは別会計にして、みんなで負担していく考え方が欠かせないと思います。東日本大震災のときは、日常の予算と別建てにして完結した形にしたほうがいいという議論があり、復興特別税を導入し、特別会計をつくることにつながりました。ただ、コロナ禍はまだ続いていて、先が定まらない。議論をやりにくくしています。

――政治家は選挙での有権者の反発を意識して、どうしても負担増の議論を避けようとします。その結果、借金頼みが続いてきました。

野田　赤字国債を発行できるようにする特例公債法は、1年ごとに議論するように戻すべきです。私の政権のときは、衆議院と参議院で与野党の多数派が異なる状態にあった「ねじれ国会」で、複数年度の発行を認める法案を提出しました。あのときは、次に民主党が野党になっても国会で人質にとって議論を止めることはしない、という武装解除の意味がありました。しかし、いまは借金を減らす努力を重ねる前提が忘れられている。

自公政権で2度あった特例公債法の改正で、赤字国債の発行を認める期間が4年から5年になりました。あくまでも例外として発行を認めていた法律の目的があいまいになり、改悪されました。大平正芳さんは首相になる前、大蔵大臣（現・財務大臣）として10年ぶりの赤字国債の発行を決めたとき、「死にたくなるほどつらい」と言ったそうです。赤字国債を出すことは、それほど苦渋の決断のはずなのに、「特例の特例」は常態化して、借金をしている感覚を忘れている。予算に使い道を決めない予備費を大きく積むやり方も同じです。完全に政府の裁量に任せるなら、国会の機能は不要、となります。

――誰もが安心して暮らせるセーフティーネットとは、どんなものだと思いますか。

野田　保育や教育、医療や介護は、誰にも人として生きていくうえで必要なサービスです。「ここは、まったく心配する必要はありません」という環境をつくるのが公助だと、私は思います。菅首相は、公助をどこか野球の「リリーフエース」のようにとらえた言い方で、違和感があります。自ら頑張って、だめだったらみんなで助け合って、最後に公助というイメージで話をされていないでしょうか。

最初から「先発」で頑張らないといけないと言われ、公助には不安があるから、財布のひもを固く締めてしまう人たちがいる。公助はしっかり国が担うものだ、と考えます。私の政権のときは、社会保障分野にいちばん不安が多い、だからこそオールジャパンで消費税を負担し、分かち合って、不安を減らしていこうという精神で考えました。

――最低所得保障については、どう考えますか。

野田　民主党政権のときに打ち出した、「給付付き税額控除」の議論が足りていません。消費税率を引き上げるとき、所得の低い人たちの負担を増やさないために考えていましたが、自公政権になって議論は軽減税率の導入へと進みました。コロナ禍で急な給付が必要となったときには、まさにマイナンバーがもっと普及している必要があった。給付付き税額控除は、非常時にも使える生活保障という位置づけで、もっと議論したほうがいい。

いま思えば、方向性として正しいものであったし、もっと自信を持って進めばよかった。ただ、「ねじれ国会」でしたので、お願いベースにとどまっていました。

のだ・よしひこ　1957年生まれ。早稲田大学政治経済学部を卒業後、1980年に松下政経塾の一期生として入塾。千葉県議を経て、1993年の衆議院選挙で日本新党から初当選。民主党政権で財務相を務め、2011年9月から2012年12月まで第95代首相。2017年の衆議院選挙で当選8回。立憲民主党最高顧問。

おわりに

コロナ禍が襲って1年、東日本大震災から10年となる２０２１年の春、岩手県の三陸海岸を訪れました。

海岸から高さ20メートルほどのところに、空とつながった青い海を望める場所があります。大槌町にある無人駅の三陸鉄道浪板海岸《なみいたかいがん》駅のすぐ脇で、ここまで津波が来たことを記録する石の柱と、二つの碑が並んでいました。

黒く光る「東日本大震災備忘の碑」は２０１８年12月の日付。「千年後への伝言」の書き出しに、こうありました。

「地震が起きたら津波が来ると思え　高台に避難し解除が出るまで戻らない　今次の震災が永久に教訓となることを願ってこの地に建立する」

その左側、一歩下がったところにある古びた碑は、１９３３（昭和8）年の大津波の教訓を伝える「大海嘯《だいかいしょう》記念碑」です。消えかかった文字は鼻がくっつくほどまで顔を近づけて、ようやく読むことができました。

「一、地震があったら津浪の用心せよ」「一、津浪が来たら高い所へ逃げよ」「一、危険地帯に住居をするな」

この昭和の碑は、もとは海岸近くの国道沿いにあり、２０１１年3月11日の津波で２００メートルほど流されたそうです。書き残されていた教訓は80年ほどの時を超えて、新しい碑にも刻まれました。津波が襲来した時刻は、どちらも地震発生から30分後。地元に住む台野《だいの》宏《ひろし》さん(76)が教えてくれました。

「人の心なので、時間がたてば薄らいでいくこと、ありますよね。どうしても普段は、忘れて生活していると思います。二つが同じ戒めとわかるように、碑は思い出してもらうためです」

岩手県の三陸沿岸地域は、人口減少と少子化の「先進地」でもあります。人口は２０４０年に震災前の3分の2の18万人となり、4割が高齢者となる見通しです。地元の高校生に、人口減少時代をどう考えているか、聞きました。

県立宮古高校の佐々木《ささき》窓佳《まどか》さん(17)は、こう言いました。

「若い人と、おじいさん、おばあさんは半々くらい。だからこそ、すべての人に優しい社会や政策が必要だと思います」

同級生の佐藤楓恋《さとうかれん》さん（17）も、うなずきます。

「高齢者だけの社会には、ならないはずです。高齢者が増える、でも未来を担う若者も増やして、誰もが幸せになれる社会をつくりたい」

佐々木さんは、医師不足の地元へ戻って医療に貢献する将来を描き、医学部への進学をめざしているそうです。佐藤さんは宮古市の職員になって、熱意のある教員を増やす仕事に携わりたいと、ともに夢も語ってくれました。

2人の夢の実現の場、三陸沿岸の復興には、所得が一定以上ある全国すべての人が25年間、所得税額の2・1％を納める特別税も充てられているはずです。自助を支える、共助と公助の理念が込められた取り組みでもあります。

震災や感染症をはじめ、さまざまな危機が襲っても、高齢化も少子化も立ち止まってはくれません。こうした現実があるなかで、80年を超えて刻まれた同じ教訓に、知ることの大切さを改めて感じます。借金をしないという国の財政の大原則も、70年以上も前の終戦直後の人たちが平和な未来を築こうと考えた、過ちを繰り返さないための決まりでした。

佐々木さんや佐藤さんの世代が夢を現実にしていく未来、自助、共助、公助を組み合わせて、誰もが生きやすいユニバーサルデザインの社会、どんな人も希望を持てる日常の実現へ向けて。

私たちが、そして政治が取り組むべきことは、たくさんあると思います。しかし、人々の意思に基づく政治、民主主義に参加する手段の国政選挙には、有権者の半分近くが1票を投じていません。

この本は、朝日新聞やニュースレター「アナザーノート」の記事をとり入れながら、再構成して書きました。税と社会保障の3党合意をたどった『消費税日記』（プレジデント社、2013年刊）とともに、私たちの未来を考える材料の一つになればうれしく思います。

最後になりましたが、取材にご協力いただいた多くの方々、朝日新聞社の同僚、そして朝日新聞出版の編集者に、この場を借りて心より厚くお礼を申し上げます。

2021年6月

伊藤裕香子 いとう・ゆかこ
朝日新聞記者。上智大学卒業後、1995年に朝日新聞社に入社。経済記者として流通、食品などの民間企業や、税財政、経済政策を中心に取材。オピニオン編集部、経済社説担当の論説委員、編集委員などを経て、2021年4月から東京本社経済部長。著書に『消費税日記』(プレジデント社)。

朝日新書
830
税《ぜい》と公助《こうじょ》
置き去りの将来世代

2021年8月30日第1刷発行

著　者　伊藤裕香子

発行者　三宮博信
カバーデザイン　アンスガー・フォルマー　田嶋佳子
印刷所　凸版印刷株式会社
発行所　朝日新聞出版
〒104-8011　東京都中央区築地5-3-2
電話　03-5541-8832(編集)
　　　03-5540-7793(販売)

Published in Japan by Asahi Shimbun Publications Inc.
ISBN 978-4-02-295138-0
定価はカバーに表示してあります。

新型格差社会

山田昌弘

中流層が消滅し、富裕層と貧困層の差が広がり続ける日本社会。階級社会に陥ってしまう前に、私たちにできることは何か？〈家族〉〈教育〉〈仕事〉〈地域〉〈消費〉。コロナ禍によって可視化された〝新型〟格差問題を、家族社会学の観点から五つに分けて緊急提言。

女武者の日本史

卑弥呼・巴御前から会津婦女隊まで

長尾　剛

女武者を言い表す言葉として、我が国には古代から「女軍」（めいくさ）という言葉がある。女王・卑弥呼から女軍部隊を率いた神武天皇、怪力で男を投げ飛ばした巴御前や弓の名手・坂額御前、200人の鉄砲部隊を率いた池田せん……「いくさ」は男性の〝専売特許〟ではなかった！

60代から心と体がラクになる生き方

老いの不安を消し去るヒント

和田秀樹

やっかいな「老いへの不安」と「むなしい」という感情。これさえ遠ざければ日々の喜び、意欲、体調までが本来の状態に。不安や「むなしく」ならないコツはムリに「探さない」こと。何を？「やりたいこと」「居場所」「お金」を……。高齢者医療の第一人者による、元気になるヒント。

内側から見た「AI大国」中国

アメリカとの技術覇権争いの最前線

福田直之

対話アプリやキャッシュレス決済、監視カメラなどの情報を集約する中国のテクノロジーはアメリカを超え、10年以内には世界トップになるといわれる。起業家たちは何を目指し、市民は何を求めているのか。政府と企業との関係、中国AIの強さと弱点など、特派員の最新報告。

朝日新書

宗教は嘘だらけ
生きるしんどさを忘れるヒント

島田裕巳

一番身近で罪深い悪徳「嘘」。嘘はどのように宗教で扱われ、嘘つきはどう罰せられるのか。偽証を禁じるモーセの十戒や仏教の不妄語戒など、禁じながらも解釈の余地があるのが嘘の面白さ。三大宗教を基に、嘘の正体を見極めるクリティカル・シンキング！

自分を超える心とからだの使い方
ゾーンとモチベーションの心理学

下條信輔
為末 大

スポーツで大記録が出る時、選手は「ゾーン」に入ったと表現される。しかし科学的には解明されていない。無我夢中の快や「モチベーション」を深く考察することで、落ち込んだ状態や失敗に対処する方法も見えてくる。心理学者とトップアスリートの対話から探る。

内村光良リーダー論
チームが自ずと動き出す

畑中翔太

ウッチャンはリアルに「理想の上司」だった！　内村と仕事をする中で人を動かす力に魅せられた著者が、芸人、俳優、番組プロデューサー、放送作家、ヘアメイクなど関係者二四人の証言をもとに、最高のチームを作り出す謎多きリーダーの秘密を解き明かした一冊。

歴史なき時代に
私たちが失ったもの 取り戻すもの

與那覇 潤

第二次世界大戦、大震災と原発、コロナ禍、日本はなぜいつも「こう」なのか。「正しい歴史感覚」を身に付けるには。教養としての歴史が社会から消えつつある今、私たちはどのようにしてお互いの間に共感を生み出していくのか。枠にとらわれない思考で提言。

朝日新書

世界自然遺産やんばる
希少生物の宝庫・沖縄島北部

湊 和雄
宮竹貴久

沖縄島北部にあたるやんばるは、世界的にも珍しい湿潤な亜熱帯雨林だ。2021年世界自然遺産に登録された。やんばる写真の第一人者である写真家と、生物の進化理論を一般に説く手腕で名高い生物学者がタッグを組み、ユニークな生物を紹介。

対訳　武士道

新渡戸稲造／著
山本史郎／訳

新渡戸稲造の名著『武士道』。切腹とは何か? 武士道の本質とは? 日本人の精神性を描いた世界的ベストセラー。「惻隠の情」「謙譲の心」は英語でどう表すか? 『翻訳の授業』の著者・山本史郎東大名誉教授の美しい新訳と、格調高い英語原文をお手元に。

自壊する官邸
「一強」の落とし穴

朝日新聞取材班

7年8カ月に及ぶ安倍政権から菅政権に継承された。長期政権の鍵は人事権をフル活用した官僚統治だった。霞が関ににらみをきかせ、能力本位とはいえない官僚登用やコロナ対策の迷走は続く。官邸の内側で何が起きているのか。現役官僚らの肉声で明かす。

死は最後で最大のときめき

下重暁子

いつまでも心のときめきを、育て続けよう。人は最期のときを前にして、最も個性的な花を咲かせる——。人気エッセイストが、不安な時代の日常をみつめ、限りある命を美しく生き抜く心構えをつづる。著者の「覚悟」が伝わってくる至高の一冊。

こんな政権なら乗れる

中島岳志
保坂展人

迫る衆院総選挙。行き詰まる自公政権の受け皿はあるのか。保守論客の中島岳志氏が、コロナ対策や多摩川の防災、下北沢再開発等の区政10年で手腕を振るう保坂展人・東京都世田谷区長と、理論と実践の「リベラル保守政権」待望論を縦横に語り合う。

朝日新書

諦めの価値

森　博嗣

諦めは最良の人生戦略である。なにかを成し遂げた人は、常に多くのことを諦め続けている。あなたにとって、何が有益で何が無駄か、「正しい諦め」だけが、最大限の成功をもたらすだろう。人気作家が綴る頑張れない時代を生きるための画期的思考法。

人事の日本史

遠山美都男
関　幸彦
山本博文

一大リストラで律令制を確立した天武天皇、人心を巧みに摑んだ武家政権生みの親・源頼朝、徹底した「能力主義」で人事の停滞を打破した松平定信……。「抜擢」「出世」「派閥」「査定」「手当」「肩書」などのキーワードから歴史を読み解く、現代人必読の書!

インバスケット経営思考トレーニング

生き抜くための決断力を磨く

鳥原隆志

ロングセラー『インバスケット実践トレーニング』の経営版。コロナ不況下に迫られる「売上や収入が2割減った状況で行うべき判断」を、ストーリー形式の4択問題で解説。経営者、マネージャーが今求められる取捨選択能力が身につく。

税と公助

置き去りの将来世代

伊藤裕香子

コロナ禍で発行が増えた国債は中央銀行が買い入れ続けた。金利が急上昇すれば利息は膨らみ、使えるお金は限られる。保育・教育・医療・介護は誰もが安心して使えるものであってほしい。持続可能な社会のあり方を将来世代の「お金」から考える。

私たちはどう生きるか

コロナ後の世界を語る2

マルクス・ガブリエル
オードリー・タン
東　浩紀 ほか／著
朝日新聞社／編

新型コロナで世界は大転換した。経済格差は拡大し社会の分断は深まり、暮らしや文化のありようも大きく変わった。これから日本人はどのように生き、どのような未来を描けばよいのか。多分野で活躍する賢人たちの思考と言葉で導く論考集。